MIX
Papier aus verantwortungsvollen Quellen
Paper from responsible sources
FSC® C105338

Abel Hoffmann

Getting Green

Ein Kommunikationskonzept für umweltorientiertes Personalmanagement

Diplomica Verlag GmbH

Hoffmann, Abel: Getting Green: Ein Kommunikationskonzept für umweltorientiertes
Personalmanagement, Hamburg, Diplomica Verlag GmbH 2013

Buch-ISBN: 978-3-8428-8718-3
PDF-eBook-ISBN: 978-3-8428-3718-8
Druck/Herstellung: Diplomica® Verlag GmbH, Hamburg, 2013
Covermotiv: © deviantart.com / namespace

Bibliografische Information der Deutschen Nationalbibliothek:
Die Deutsche Nationalbibliothek verzeichnet diese Publikation in der Deutschen
Nationalbibliografie; detaillierte bibliografische Daten sind im Internet über
http://dnb.d-nb.de abrufbar.

Das Werk einschließlich aller seiner Teile ist urheberrechtlich geschützt. Jede Verwertung außerhalb der Grenzen des Urheberrechtsgesetzes ist ohne Zustimmung des Verlages unzulässig und strafbar. Dies gilt insbesondere für Vervielfältigungen, Übersetzungen, Mikroverfilmungen und die Einspeicherung und Bearbeitung in elektronischen Systemen.

Die Wiedergabe von Gebrauchsnamen, Handelsnamen, Warenbezeichnungen usw. in diesem Werk berechtigt auch ohne besondere Kennzeichnung nicht zu der Annahme, dass solche Namen im Sinne der Warenzeichen- und Markenschutz-Gesetzgebung als frei zu betrachten wären und daher von jedermann benutzt werden dürften.

Die Informationen in diesem Werk wurden mit Sorgfalt erarbeitet. Dennoch können Fehler nicht vollständig ausgeschlossen werden und die Diplomica Verlag GmbH, die Autoren oder Übersetzer übernehmen keine juristische Verantwortung oder irgendeine Haftung für evtl. verbliebene fehlerhafte Angaben und deren Folgen.

Alle Rechte vorbehalten

© Diplomica Verlag GmbH
Hermannstal 119k, 22119 Hamburg
http://www.diplomica-verlag.de, Hamburg 2013
Printed in Germany

INHALTSVERZEICHNIS

1 | Einleitung 5
    1.1 Problemstellung & Forschungsfrage 5
    1.2 Zielsetzung des Kommunikationskonzeptes 8

2 | Theoretische Grundlagen 8
    2.1 Green HRM 8
        2.1.1 Definition 8
        2.1.2 Zusammenführende Definition 15
        2.1.3 Forschungsstand 15
    2.2 Kommunikationsstrategien 19
        2.2.1 Unternehmenskommunikation 19
        2.2.2 Integrierte Kommunikation 20
        2.2.3 Kommunikationsstrategien 22

3 | Untersuchungsrahmen 24
    3.1 Mentales Modell 24
    3.2 Methodik 25
        3.2.1 Bearbeitung der Thesen 25
        3.2.2 Entwicklung einer Kommunikationsstrategie 25

4 | Bearbeitung der Thesen 26
    4.1 Wirtschaftlichkeitsthese 26
        4.1.1 Wettbewerbsfähigkeit 26
        4.1.2 Personalbeschaffung 27
        4.1.3 Legitimation & Akzeptanz 28
        4.1.4 Langfristige Perspektive 29
        4.1.5 Kommunikations-Aspekte 29
        4.1.6 Beurteilung 30
    4.2 Erfolgsfaktorenthese 31
        4.2.1 Involvement 31
        4.2.2 Kompetenzförderung 35
        4.2.3 Motivation 36
        4.2.4 Kommunikations-Aspekte 38
        4.2.5 Beurteilung 39

4. 3	Integrationsthese	39
	4.3.1 Abstimmungsbedarf der Kommunikationsformen	40
	4.3.2 Integrationsdimensionen der Kommunikationsinstrumente	41
	4.3.3 Beurteilung	42
4. 4	Zusammenfassung der Ergebnisse	43

5 | Entwicklung einer Kommunikationsstrategie 45

5. 1	Situationsanalyse	45
	5.1.1 Unternehmensinterne und -externe Einflussfaktoren	46
	5.1.2 Chancen-Risiken-Analyse	49
	5.1.3 Stärken-Schwächen-Analyse	50
	5.1.4 Zusammenführung zur SWOT-Analyse	50
	5.1.5 Kommunikative Problemstellung	53
5. 2	Zielsetzung	53
5. 3	Zielgruppenplanung	55
	5.3.1 Zielgruppenidentifikation und -beschreibung	55
	5.3.2 Zielgruppenauswahl	55
5. 4	Strategie der Green HRM-Kommunikation	57
	5.4.1 Strategische Prinzipien	57
	5.4.2 Strategieelemente	60
	5.4.3 Strategietypen	63
5. 5	Budgetierung	64
5. 6	Maßnahmenplanung	65
	5.6.1 Systematisierung der Maßnahmen	65
	5.6.2 Einzelmaßnahmen	66
5. 7	Integration in den Kommunikationsmix	77
	5.7.1 Interinstrumentelle Integration	77
	5.7.2 Intrainstrumentelle Integration	78
5. 8	Erfolgskontrolle	78
	5.8.1 Bedeutung der Erfolgskontrolle	78
	5.8.2 Methoden der Erfolgskontrolle	79
	5.8.3 Probleme der Erfolgskontrolle der Green HRM-Kommunikation	81

6 | Ergebnis 82
6.1 Zusammenfassung 82
6.2 Limitationen 83
6.3 Implikationen für die Praxis 83
6.4 Implikationen für die Forschung 84
6.5 Ausblick 84

Literaturverzeichnis 85

1 | EINLEITUNG

1.1 Problemstellung & Forschungsfrage

Seit mehreren Jahrzehnten schon spielen die Themen Nachhaltigkeit, unternehmerische Verantwortung und Umweltorientierung eine zunehmende Bedeutung für das Fortbestehen von Unternehmen.[1] Unternehmen sind zunehmend besorgt über die potenziellen negativen Auswirkungen, die eine unzureichende Umweltpolitik auf ihre Wettbewerbsfähigkeit haben könnte.[2] Grund für die steigende Bedeutung sind zum einen politische Verträge und Vereinbarungen wie Kyoto 1997, Bali 2007 und Kopenhagen 2009 und zum anderen die große mediale Aufmerksamkeit für von Unternehmen verursachte Umweltschäden.[3] Immer noch präsent sind z.B. der Blowout auf der Ölbohrplattform Deep Water Horizon im April 2010, der zum Tod von elf Arbeitern und der bisher größten Ölpest führte oder die Nuklearkatastrophe 2011 in Fukushima, bei der große Mengen an radioaktivem Material austraten und die land- und meerseitige Umgebung verseuchten. 100.000 bis 150.000 Einwohner mussten in Folge des Unfalls vorübergehend oder dauerhaft evakuiert werden und hunderttausende Tiere, die in landwirtschaftlichen Betrieben zurückgelassen worden waren, verendeten.[4]

Als Folge kann ein Zuwachs in der Forschungsliteratur zu Themen des umweltorientierten Managements beobachtet werden. Während Bereiche wie Marketing, Buchhaltung und Einzelhandel vergleichsweise umfassend behandelt werden, sind Ergebnisse in der Green HRM-Forschung immer noch relativ dünn gesät und zudem fragmentarisch.[5] Dazu kommt, dass die Forschung der Unternehmenspraxis stark hinterherhinkt.[6] Der Faktor Personal ist ein Schlüssel zu einem funktionierenden Umweltmanagement. Wenn ein Unternehmen grüner werden will, wird es um ein entsprechendes Green HRM (Human Ressource Ma-

---

[1] Vgl. *Michaelis, Peter*, Betriebliches Umweltmanagement: Grundlagen des Umweltmanagements, Herne et al. (Neue Wirtschafts-Briefe) 1999, 1.

[2] Walley, Noah, & Whitehead, Bradley, It's not easy being green, in: Harvard Business Review 72/3 (1994), 46-52.

[3] Vgl. *Renwick, Douglas W.S. / Redman, Tom / Maguire, Stuart*, Green Human Resource Management: A Review and Research Agenda, in: International Journal of Management Reviews 15/1 (2013), 1-14, 1.

[4] Vgl. *JAIF / NHK*, Earthquake Report No. 61: 18:00, April 23, www.jaif.or.jp/english/news_images/pdf/ENGNEWS01_1303865033P.pdf, 23.04.2011, abgerufen am 03.12.2012.

[5] Vgl. *Renwick, Douglas W.S. / Redman, Tom / Maguire, Stuart*, Green Human Resource Management: A Review and Research Agenda, in: International Journal of Management Reviews 15/1 (2013), 1-14, 1.

[6] Vgl. *Renwick, Douglas W.S. / Redman, Tom / Maguire, Stuart*, Green Human Resource Management: A Review and Research Agenda, in: International Journal of Management Reviews 15/1 (2013), 1-14, 10-11.

nagement) oder zu Deutsch umweltorientiertes Personalmanagement nicht herum kommen.[7]

Im vorliegenden Werk soll ausgehend von dieser Problematik ein Konzept entwickelt werden, nach dem Unternehmen vorgehen können, wenn sie ihr Unternehmen stärker nach umweltorientierten Werten ausrichten wollen. Der Zusatz „eine theoriebasierte Konzeption" macht deutlich, dass es bei dem ganzen nicht darum geht, am Ende eine fertige Strategie zu erhalten, sondern darum, ein Konzept zu entwickeln, nach dem ein Management vorgehen kann, um eine für das eigene Unternehmen passende Kommunikationsstrategie zu entwickeln. Die Forschungsfrage, unter der dieses Werk steht, lautet also dementsprechend

Forschungsfrage: „Wie können Kommunikationsinstrumente Unternehmen dabei helfen, ein umweltorientiertes Personalmanagement zu implementieren, das sich langfristig als vorteilhaft und gewinnbringend erweist?"

Das erste Problem, auf das im ersten Teil eingegangen werden soll, ist die Frage nach der Wirtschaftlichkeit. Denn das Thema Umweltschutz wird unterschiedlich von Unternehmen wahrgenommen: auf der einen Seite stehen Unternehmen, die – entweder durch negative Publicity oder durch Mehrausgaben für den Umweltschutz – Angst haben, an Wettbewerbsfähigkeit einzubüßen. Auf der anderen Seite stehen Unternehmen, die den Veränderungsprozess als Chance begreifen, um einen Wettbewerbsvorteil zu erzielen, der nur schwer nachzuahmen ist.[8] Indem sie z.B. eine Vorreiterrolle beim Thema Nachhaltigkeit und Umweltschutz einnehmen und diese Vorreiterrolle aktiv nach Außen kommunizieren. Es geht bei der ersten These vor allem um die Frage, *warum* es sich für Unternehmen und speziell für die Mitarbeiter eines Unternehmens lohnt, Green HRM zu implementieren. Sie lautet:

These 1: *Je stärker ein Management in Green HRM investiert, desto größer sind die sich daraus ergebenden Wettbewerbsvorteile.*

Dabei soll geklärt werden, was umweltspezifische Wettbewerbsvorteile sind und für welche Branchen diese Vorteile in welchem Maße zutreffen können. Für die Beantwortung der

---

[7] Vgl. *Brio, Jesús A. del/Fernandez, Esteban/Junquera, Beatriz*, Management and employee involvement in achieving an environmental action-based competitive advantage: an empirical study, in: The International Journal of Human Resource Management, 18/4 (2007), 491-522, 514.

[8] Vgl. *Brio, Jesús A. del/Fernandez, Esteban/Junquera, Beatriz*, Management and employee involvement in achieving an environmental action-based competitive advantage: an empirical study, in: The International Journal of Human Resource Management, 18/4 (2007), 491-522.

Fragen werden in erster Linie Studien untersucht, die in einschlägigen Wirtschafts- und Personalmanagement-Journals veröffentlicht wurden (z.B. The International Journal of Human Resource Management, Journal of Management Studies, Journal of Business and Psychology).

Das nächste Problem ergibt sich aus der Tatsache, dass es bereits viele verschiedene Personalstrategie-Ansätze gibt und dass alle paar Jahre ein neuer erscheint, der im Unternehmen umgesetzt werden soll. Eine der größten Hürden bei der Implementierung eines Green HRM-Ansatzes ist laut einigen Studien, die im Verlauf des Kommunikationskonzeptes untersucht werden, der Widerstand der eigenen Mitarbeiter, also die bestehende Unternehmenskultur.[9] Der Widerstand ist offensichtlich dort am stärksten, wo Green HRM im Sinne einer Top-Down-Kommunikation von Oben nach Unten durchgesetzt werden soll. Erfolgskritisch ist laut Renwick et al. die Steigerung von Involvement, Motivation und Kompetenz innerhalb der Belegschaft.[10] Die zweite These lautet dementsprechend:

These 2: *Für den Erfolg einer Green HRM-Kommunikation ist die Steigerung von Involvement, Motivation und Kompetenz innerhalb der Belegschaft von ausschlaggebender Bedeutung.*

Auch hier kommen wieder Studien aus den genannten Journals zum Einsatz. So weisen z.B. Brío, Fernandez und Junquera darauf hin, dass Mechanismen wie Selbstbestimmung und Feedback-Schleifen die Kreativität und Motivation fördern und so zu einem besseren Ergebnis und einer breiteren Akzeptanz bei der Umsetzung einer Green HRM-Strategie führen können.[11]

Die dritte These befasst sich mit dem Problem der langfristigen Verankerung von Green HRM im Unternehmen. Laut These Eins dient Green HRM unter anderem als Kommunikationsmittel, mit dessen Hilfe Wettbewerbsvorteile erzielt werden sollen und laut These Zwei hängt die Umsetzung von Green HRM eng mit der Unternehmenskultur zusammen. Das bedeutet, dass Green HRM nicht losgelöst von der restlichen Unternehmenskommunikation existieren

---

[9] Vgl. *Strebel, Paul*, Why Do Employees Resist Change?, in: Harvard Business Review 74/3 (1996), 86-92, 86.

[10] Vgl. *Renwick, Douglas W.S. / Redman, Tom / Maguire, Stuart*, Green Human Resource Management: A Review and Research Agenda, in: International Journal of Management Reviews 15/1 (2013), 1-14.

[11] Vgl. *Fernandez, Esteban/Junquera, Beatriz/Ordiz, Mónica*, Organizational culture and human resources in the environmental issue, in: The International Journal of Human Resource Management 14 (2003), 634-656.

kann. Ein Grund dafür ist, dass nach Bruhn der Einsatz verschiedener Kommunikationsinstrumente und -maßnahmen vom Rezipienten nur dann positiv wahrgenommen wird, „wenn das vermittelte Erscheinungsbild in sich widerspruchsfrei ist".[12] In einer These zusammengefasst, bedeutet das:

These 3: *Green HRM-Kommunikation kann nur glaubwürdig vermittelt werden, wenn sie im Rahmen einer integrierten Unternehmenskommunikation eng mit der restlichen Unternehmenskommunikation verzahnt wird.*

Die Notwendigkeit für die Integration der Green HRM-Kommunikation ergibt sich bereits aus Bruhns erwähnter Aussage. Zu klären wäre bei der Untersuchung also z.B. Richtung und Grad der Integration sowie konkrete Anwendungsbeispiele der Verzahnung.

1.2 Zielsetzung des Kommunikationskonzeptes

Die Ziele lassen sich unter zwei Überschriften zusammenfassen: Die erste Überschrift ist „Verstehen", die zweite „Gestalten". Im ersten Schritt (Kapitel zwei bis vier) geht es zunächst darum, die Grundlagen für das Kommunikationskonzept zu legen. Neben den Begriffsdefinitionen und der Vorstellung des Untersuchungsrahmens werden hier die drei Thesen bearbeiten. Im zweiten Schritt (Kapitel fünf) werden die Erkenntnisse aus dem ersten Teil auf das Konzept der Integrierten Kommunikation von Bruhn angewandt. Auf diese Weise wird ein Konzept für die Entwicklung einer Kommunikationsstrategie für Green HRM entwickelt.

2 | THEORETISCHE GRUNDLAGEN

2.1 Green HRM

2.1.1 Definition

Green HRM steht für umweltorientiertes Personalmanagement. Da noch keine allgemein anerkannte Definition für den Begriff vorliegt, soll diese im Folgenden über die beiden Bestandteile *Green*, also umweltorientiert und *HRM* bzw. Personalmanagement hergeleitet

---

[12] *Bruhn, Manfred,* Unternehmens- und Marketingkommunikation: Handbuch für ein integriertes Kommunikationsmanagement, München (Vahlen) 2. Aufl. 2011, 101.

werden. Für die Entwicklungsgeschichte der umweltorientierten Fragestellungen im Zusammenhang mit Unternehmensführung werden zunächst auf die zum Verständnis wichtigen Begriffe *Corporate Social Responsibility*, *Sustainable Development*, *Umweltpolitik* und *Umweltmanagement* erklärt.

Corporate Social Responsibility

Schon immer spielte das Thema Umwelt für die Wirtschaft und für Unternehmen eine entscheidende Rolle, weil ihr Schicksal mehr oder weniger direkt mit dem der Umwelt verbunden ist.[13] Das Interesse nahm in der Mitte des letzten Jahrhunderts zu, als die Forderungen nach gesellschaftlicher Verantwortung durch Unternehmen und Bedenken hinsichtlich der Nachhaltigkeit beim Umgang mit der Umwelt lauter wurden.

Das Konzept der *Corporate Social Responsibility* (CSR) wurde als erstes im Jahr 1953 vom Ökonomen Howard R. Bowen in seinem Werk *Social Responsibilities of the Businessman* formuliert. Dort fordert er: „It refers to the obligations of businessman to pursue those policies, to make those decisions, or to follow those lines of action which are desirable in terms of the objectives and values of our society."[14] Da diese Definition noch relativ unscharf war, hat sich in den folgenden Jahrzehnten eine intensive Diskussion über den Begriff entwickelt, die hier aus Platzgründen jedoch nicht wiedergegeben soll. Stattdessen wird für das vorliegende Werk die 2011 von der Europäischen Kommission neu aufgelegte Definition von *Corporate Social Responsibility* verwendet, wonach CSR „die Verantwortung von Unternehmen für ihre Auswirkungen auf die Gesellschaft"[15] darstellt. Erklärend fügt die Europäischen Kommission hinzu: „Nur wenn die geltenden Rechtsvorschriften und die zwischen Sozialpartnern bestehenden Tarifverträge eingehalten werden, kann diese Verantwortung wahrgenommen werden. Damit die Unternehmen ihrer sozialen Verantwortung in vollem Umfang gerecht werden, sollten sie auf ein Verfahren zurückgreifen können, mit dem soziale,

---

[13] Vgl. *Zoogah, David B.*, The Dynamics of Green HRM Behaviors: A Cognitive Social Information Processing Approach, in: Zeitschrift für Personalforschung 25/2 (2011), 117-139, 118.

[14] *Bowen, Howard R.*, Social Responsibilities of the Businessman, New York (Harper & Brothers) 1953, 6.

[15] *Europäische Kommission*, Eine neue EU-Strategie (2011-14) für die soziale Verantwortung der Unternehmen (CSR), http://eur-lex.europa.eu/LexUriServ/LexUriServ.do?uri=COM:2011:0681:FIN:DE:PDF, abgerufen am 06.12.2012, Brüssel (2011), 8.

ökologische, ethische, Menschenrechts- und Verbraucherbelange in enger Zusammenarbeit mit den Stakeholdern in die Betriebsführung und in ihre Kernstrategie integriert werden."[16]

Sustainable Development

Ein weiterer wichtiger Begriff in diesem Zusammenhang ist *Sustainable Developement*, auf Deutsch „Nachhaltige Entwicklung", der 1987 durch einen Bericht der Weltkommission für Umwelt und Entwicklung (World Commission on Environment and Development, WCED) geprägt wurde. Der Bericht wurde nach dem Vorsitzenden Gro Harlem Brundtland als Brundtland-Report bekannt und stellte eine Reaktion auf die drastische Verschärfung der weltweiten Umweltprobleme dar, die vor allem auf die hohe Armut im Süden und die nicht nachhaltigen Konsum- und Produktionsmuster im Norden zurückgeführt wurden.[17] Demnach ist eine Entwicklung nachhaltig, wenn sie „die Bedürfnisse der Gegenwart befriedigt, ohne zu riskieren, dass künftige Generationen ihre eigenen Bedürfnisse nicht befriedigen können"[18] Um das Bemühen um eine nachhaltige Entwicklung international auf Unternehmerebene zu verankern, wurde 1995 das World Business Council for Sustainable Developement (WBCSD) gegründet, das sich vom Brundtland-Report ausgehend auf die drei Säulen „Ökonomischer Erfolg", „Ökologische Verträglichkeit" und „Soziale Gerechtigkeit" stützt und danach strebt, diese langfristig in Einklang zu bringen (vgl. Abbildung 1).[19]

---

[16] *Europäische Kommission,* Eine neue EU-Strategie (2011-14) für die soziale Verantwortung der Unternehmen (CSR), http://eur-lex.europa.eu/LexUriServ/LexUriServ.do?uri=COM:2011:0681:FIN:DE:PDF, abgerufen am 06.12.2012, Brüssel (2011), 8.

[17] Vgl. *Bundesamt für Raumentwicklung ARE (Schweiz)*, 1987: Brundtland-Bericht, http://www.are.admin.ch/themen/nachhaltig/00266/00540/00542/index.html?lang=de, abgerufen am: 16.12.12.

[18] *WCED*, Our Common Future, Oxford (Oxford University Press) 1987, http://www.un-documents.net/our-common-future.pdf, abgerufen am: 16.12.12.

[19] Vgl. *WBCSD*, Corporate Social Responsibility: Making Good Business Sense, Genf 2000, 4.

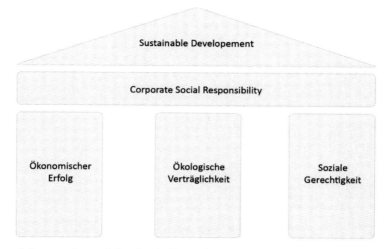

Abbildung 1: Zusammenhang zwischen Sustainable Developement und CSR (in Anlehnung an: Van Marrewijk, Marcel, Concepts and Definitions of CSR and Corporate Sustainability: Between Agency and Communion, in: Journal of Business Ethics, 44 (2003), 95-105, 101).

Betriebliche Umweltpolitik & Umweltmanagement

Betriebliche Umweltpolitik bezeichnet die Übertragung der oben genannten Schlagworte auf die Unternehmensebene. Die 1995 formulierte ISO 14001 definiert Umweltpolitik als „Erklärung der Organisation über ihre Absichten und Grundsätze in Bezug auf ihre umweltorientierte Gesamtleistung, welche einen Rahmen für Handlungen und für die Festlegung der umweltbezogenen Zielsetzungen und Einzelziele bildet."[20] Sie enthält unter anderem eine Verpflichtung zur kontinuierlichen Verbesserung und zur Verhütung von Umweltbelastungen sowie die Einhaltung der relevanten Umweltgesetze und Verordnungen.[21] Die betriebliche Umweltpolitik bildet also den Ausgangspunkt und den Handlungsrahmen für die Umweltschutz-Bemühungen eines Unternehmens.

Die konkreten Schritte zur Umsetzung der Umweltpolitik in die Unternehmenspraxis werden im Rahmen des Umweltmanagements festgelegt und mit Hilfe eines Umweltmanagementsystems ausgeführt. Umweltmanagement umfasst dabei „die Gesamtheit aller Ziele, Pro-

---

[20] DIN e.V., DIN EN ISO 14001 Umweltmanagementsysteme - Anforderung mit Anleitung zur Anwendung (ISO 14001:2004), Deutsche und Englische Fassung EN ISO 14001:2004, Berlin (Beuth) 2005, Kap. 3.9.
[21] Vgl. DIN e.V., DIN EN ISO 14001 Umweltmanagementsysteme - Anforderung mit Anleitung zur Anwendung (ISO 14001:2004), Deutsche und Englische Fassung EN ISO 14001:2004, Berlin (Beuth) 2005, Kap. 4.2 b+c.

gramme, Strategien und Initiativen, welche die Reduzierung der Umweltbelastung zum Ziel haben, die vom jeweiligen Unternehmen oder seinen Produkten ausgeht",[22] während ein Umweltmanagementsystem „die strukturierte und organisierte Form des systematisch ablaufenden betrieblichen und produkt- bzw. leistungsbezogenen Umweltschutzes"[23] darstellt. Ein Management-System nach ISO 14001 beinhaltet unter anderem die Systemelemente Planen, Ausführen, Kontrollieren und Optimieren (Englisch: Plan, Do, Check, Act, kurz PDCA-Cycle), die jeweils über Schnittstellen mit den restlichen Managementfunktionen des Unternehmens verbunden sind (vgl. Abbildung 2).

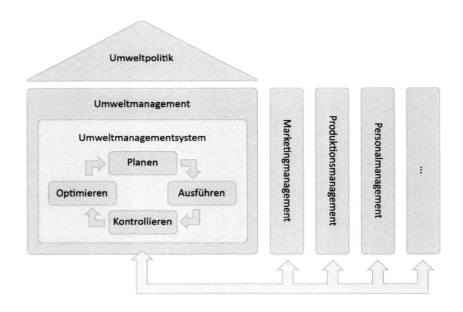

Abbildung 2: Zusammenhang zwischen Umweltmanagement und den übrigen Managementfunktionen (in Anlehnung an *DIN e.V.*, DIN EN ISO 14001 Umweltmanagementsysteme - Anforderung mit Anleitung zur Anwendung (ISO 14001:2004), Deutsche und Englische Fassung EN ISO 14001:2004, Berlin (Beuth) 2005).

---

[22] *Braun, Boris*, Unternehmen zwischen ökologischen und ökonomischen Zielen, Münster (LIT) 2003, 24.
[23] *Steffens, Thomas (Hrsg.)*, Umweltmanagement, Berlin (Springer) 2. Aufl. 2012, 8.

Personalmanagement

Wie im Großteil der Literatur üblich, wird der englische Begriff *Human Ressource Management (HRM)* in diesem Werk mit dem deutschen *Personalmanagement* gleichgesetzt. Scholz definiert Personalmanagement als „eine funktionsspezifische Konkretisierung des allgemeinen Managementprozesses."[24] In die gleiche Richtung gehen Berthel und Becker, die Personalmanagement als „Teil des übergreifenden Managementsystems und -prozesses"[25] sehen. Auch Holtbrügge versteht Personalmanagement als strategische Führungsaufgabe des Managementprozesses und betont Wirtschaftlichkeit und Arbeitszufriedenheit als elementare Ziele.[26] Berther fasst diese Sichtweisen prägnant zusammen und legt den Fokus auf die Qualifikation und Motivation der Mitarbeiter. Personalmanagement ist demnach als ein Teil der funktionalen Unternehmensführung zu verstehen,

> „der in Abstimmung mit den betrieblichen Zielen die Bereitstellung erforderlicher Kapazitäten in Form der Qualifikation und Motivation der Mitarbeiter in den Mittelpunkt stellt. Zu deren Gewinnung, Entwicklung und Bindung sind adäquate betriebliche Systeme und Strukturen zu schaffen, die sowohl eine Verhaltenssteuerung als auch eine zielorientierte Steuerung von personalwirtschaftlichen Prozessen ermöglichen."[27]

Scholz unterteilt Personalmanagement in die neun Felder Personalbedarfsbestimmung, -analyse, -beschaffung, -entwicklung, -freisetzung, -veränderung, -einsatz, -kostenmanagement und -führung. Diese sind – in Anlehnung an die Unternehmensführung – jeweils auf der strategischen, taktischen und operativen Ebene zu betrachten.[28]

Berthel und Becker gehen von Wilds Unterteilung des betrieblichen Geschehens in materielle und personelle Aspekte aus, die sich wiederum jeweils in die System-, Prozess- und Güterebene[29] gliedern lassen. Sie verankern Personalmanagement innerhalb des personellen Aspekts auf der System- und Prozessebene. Die Prozessebene beschreibt die Steuerung von

---

[24] *Scholz, Christian*, Personalmanagement, München (Vahlen) 5. Aufl. 2000, V.
[25] *Berthel, Jürgen/Becker, Fred G.*, Personal-Management: Grundzüge für Konzeptionen betrieblicher Personalarbeit, Stuttgart (Schäffer-Poeschel) 9. Aufl. 2010, 13.
[26] Vgl. *Holtbrügge, Dirk*, Personalmanagement, Berlin et al. (Springer) 5. Aufl. 2013, 2-3.
[27] *Berther, Sonja*, Personalmanagement in Kreditgenossenschaften: Möglichkeiten zur Sicherung erforderlicher Mitarbeiterqualifikationen – eine theoretische und empirische Analyse 2004, 7
[28] Vgl. *Scholz, Christian*, Personalmanagement, München (Vahlen) 5. Aufl. 2000, 157.
[29] Vgl. *Wild, Jürgen*, Betriebswirtschaftliche Führungslehre und Führungsmodelle, in: *Wild, Jürgen* (Hrsg.), Unternehmungsführung. Festschrift für Erich Kosiol zu seinem 75. Geburtstag, Berlin (Duncker & Humblot) 1974, 141-179, 156.

Verhaltensweisen durch (Führungs-)Prozesse und ist gleichbedeutend mit der Mitarbeiterführung „durch die unmittelbaren Vorgesetzten und mit Führungsaktivitäten durch andere Führungskräfte, wenn diese die im Rahmen der Systemgestaltung geschaffenen Systeme handhaben."[30] Die Systemebene umfasst die Schaffung von Regeln und Bedingungen, durch die die Verhaltenssteuerung gelenkt und das Mitarbeiterverhalten direkt beeinflusst werden soll.[31] Die geschaffenen Systeme beziehen sich direkt auf die Mitarbeiter und regeln deren Beschaffung, Auswahl, Entwicklung, Vergütung usw. (vgl. Abbildung 3).

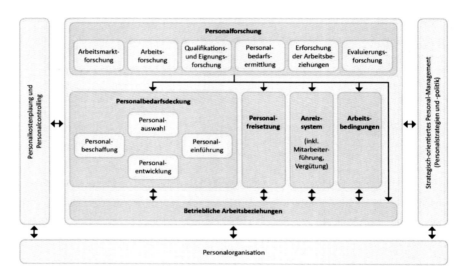

Abbildung 3: Teilsysteme des Personalmanagements (in Anlehnung an: *Berthel, Jürgen/Becker, Fred G.*, Personal-Management: Grundzüge für Konzeptionen betrieblicher Personalarbeit, Stuttgart (Schäffer-Poeschel) 9. Aufl. 2010, 22).

---

[30] *Berthel, Jürgen/Becker, Fred G.*, Personal-Management: Grundzüge für Konzeptionen betrieblicher Personalarbeit, Stuttgart (Schäffer-Poeschel) 9. Aufl. 2010, 15.

[31] Vgl. *Berthel, Jürgen/Becker, Fred G.*, Personal-Management: Grundzüge für Konzeptionen betrieblicher Personalarbeit, Stuttgart (Schäffer-Poeschel) 9. Aufl. 2010, 15.

2.1.2 Zusammenführende Definition

Umweltorientiertes Personalmanagement oder *Green HRM* bezeichnet also die Anwendung eines Umweltmanagements auf das Personalmanagement.[32] Es kann zusammenführend definiert werden als:

Die Umsetzung von Zielen, Programmen, Strategien und Initiativen, welche die Reduzierung der Umweltbelastung zum Ziel haben, die vom jeweiligen Unternehmen oder seinen Produkten ausgeht, durch den Teil des übergreifenden Managementsystems und -prozesses, der die Bereitstellung der dafür erforderlichen Kapazitäten in Form der Qualifikation und Motivation der Mitarbeiter in den Mittelpunkt stellt.

2.1.3 Forschungsstand

Eines der ersten Bücher zum Thema Green HRM wurde von Walter Wehrmeyer herausgegeben. Es erschien 1996 unter dem Titel *Greening people: human resources and environmental management*[33] und enthält Artikel aus Wissenschaft und Praxis sowie Fallstudien aus mehreren Ländern. Viele der Thesen wurden in der nachfolgenden Forschungsarbeit aufgegriffen und sollen aus diesem Grund kurz vorgestellt werden.

Im ersten Teil geht es vor allem um den Zusammenhang zwischen Personalmanagement und Umweltmanagement. Die Rolle des Personalmanagements wird als kritisch für den Erfolg von Umweltmanagement angesehen, weil sie das Bindeglied zwischen den Unternehmensabsichten und der Unternehmenspraxis darstellt. Dafür müssen sich jedoch sowohl Mitarbeiterrollen als auch Personalmanagement-Strukturen an sich ändern, um diese Rolle wahrnehmen zu können.[34] Zentrale Themen sind dabei unter anderem die Bereitstellung und Weiterentwicklung von fähigem Personal sowie die Förderung betrieblicher Dynamik.

Der zweite Teil beschäftigt sich mit den Auswirkungen von menschlichen Einstellungen und Unternehmenskulturen auf den Erfolg oder Misserfolg von Umweltmanagement und betont die Bedeutung von zwischenmenschlichen Kompetenzen von Führungskräften im Umwelt-

---

[32] Vgl. Renwick, Douglas W.S. / Redman, Tom / Maguire, Stuart, Green Human Resource Management: A Review and Research Agenda, in: International Journal of Management Reviews 15/1 (2013), 1-14,

[33] Vgl. *Wehrmeyer, Walter* (Hrsg.), Greening people: human resources and environmental management, Sheffield (Greenleaf Publishing) 1996.

[34] Vgl. *Wehrmeyer, Walter* (Hrsg.), Greening people: human resources and environmental management, Sheffield (Greenleaf Publishing) 1996, 29.

management[35] und die Bereitstellung von Möglichkeiten, diese Kompetenzen aus- und weiterzubilden. Außerdem wird der positive Effekt von partizipativen Umweltkampagnen aufgezeigt.

Der dritte Teil befasst sich mit den Unzulänglichkeiten der aktuellen Management-Training-Programme und fordert strategische Bildungsmaßnahmen,[36] bei denen der Bedarf bestimmt, Ziele und Zielgruppen formuliert, adäquate Schulungsmaßnahmen entwickelt, durchgeführt, evaluiert und optimiert werden. Vier Fallstudien im letzten Teil demonstrieren, wie diese Vorschläge in die Praxis umgesetzt werden können.

Ein weiterer, bedeutender Beitrag ist das aktuelle, 2012 erschienene Paper von Renwick, Redman und Maguire mit dem Titel *Green Human Resource Management: A Review and Research Agenda*.[37] Die Autoren geben darin eine Übersicht über ca. 200 Bücher, Journal-Artikel, Diskussions-Paper, Fallstudien, Forschungsergebnisse und Geschäftsberichte, die zwischen 1988 und 2011 erschienen sind und empirische Ergebnisse zum Thema Green HRM oder theoriebasierte Aussagen zum Zusammenhang zwischen Umweltmanagement und HRM liefern.

Als besonders relevant für den Erfolg von Green HRM und aus diesem Grund besonders häufig untersucht, identifizieren sie darin insbesondere die HRM-Gestaltungsfelder Personalbeschaffung, Personalentwicklung, Entgeltmanagement, Involvement und verschiedene Formen der vertikalen Kommunikation. Weiteren Forschungsbedarf sehen sie vor allem in der Erfolgskontrolle.

Ability-Motivation-Opportunity-Theorie

Auf der Suche nach den für das Umweltmanagement relevanten Schlüsselbereichen des HRM, stützen sich Renwick, Redman und Maguire auf die *Ability-Motivation-Opportunity-Theorie* (AMO),[38] die darauf schließen lässt, dass sich HRM-Methoden, die das Personal eines

---

[35] Vgl. *Wehrmeyer, Walter* (Hrsg.), Greening people: human resources and environmental management, Sheffield (Greenleaf Publishing) 1996, 29.
[36] *Bird, Alison*, Training for Environmental Improvement, in: *Wehrmeyer, Walter* (Hrsg.), Greening people: human resources and environmental management, Sheffield (Greenleaf Publishing) 1996, 227-246, 288.
[37] Vgl. *Renwick, Douglas W.S. / Redman, Tom / Maguire, Stuart*, Green Human Resource Management: A Review and Research Agenda, in: International Journal of Management Reviews 15/1 (2013), 1-14, 1.
[38] Vgl. *Appelbaum, Eileen / Bailey, Thomas / Berg, Peter / Kalleberg, Arne L.*, Manufacturing Advantage: Why High-Performance Work Systems Pay off, Ithaca, NY (Cornell University Press) 2000.

Unternehmens mittels Kompetenzzuwachs aufwerten, direkt auf die Leistung des Unternehmens, also z.B. einer höheren Produktivität und Qualität, einem verringerten Ausschuss, einem gesteigertem Profit sowie einer höheren Arbeitszufriedenheit auswirken. HRM funktioniert nach der AMO-Theorie auf drei Ebenen:[39]

1. Indem es die Fähigkeit (*Ability*) der Angestellten durch die Gewinnung und Entwicklung von besonders leistungsfähigen Mitarbeitern fördert,
2. die Motivation (*Motivation*) und die Bindung durch den Einsatz von Instrumenten wie leistungsgerechte Entlohnung und *effective performance management* (PM) steigert und
3. die Möglichkeit (*Opportunity*) schafft, sich über Mitarbeiter-Involvement-Programme an Wissensaustausch- und Problemlösungs-Maßnahmen zu beteiligen.

Andere Theorien, die in der Literatur diskutiert werden und zum Verständnis der im weiteren Verlauf des Kommunikationskonzeptes behandelten Themen beitragen, sind unter anderem die *Signaling-Theorie*, die *Theorie der sozialen Identität* und das Konzept der *Arbeitgebermarke*.

Signaling-Theorie

Nach der Signaling-Theorie besteht auf dem Personalmarkt eine Informationsasymmetrie zwischen dem Arbeitgeber und dem potentiellen Bewerber: beide Seiten verfügen nur begrenzt an Wissen über den anderen. Um Entscheidungen zu treffen, für die sie angewiesen sind, möglichst vollständige und genaue Informationen über den anderen zu erhalten, werden alle bewusst oder unbewusst kommunizierten Hinweise verwendet, um Rückschlüsse auf die Absichten oder Handlungen des Gegenüber zu ziehen.[40] Für Unternehmen bedeutet das, dass sie ihre Attraktivität gegenüber potentiellen Bewerbern mittels Informationen gezielt steigern können.

---

[39] Vgl. *Renwick, Douglas W.S. / Redman, Tom / Maguire, Stuart*, Green Human Resource Management: A Review and Research Agenda, in: International Journal of Management Reviews 15/1 (2013), 1-14, 2.

[40] Vgl. *Spence, Michael A.*, Job Marketing Signaling, in: Quarterly Journal of Economics 87/3 (1973), 355-374, 356.

Theorie der sozialen Identität

Die Theorie der sozialen Identität wurde von Henri Tajfel und John C. Turner vorgestellt und besagt, dass die soziale Identität der Teil des Selbstkonzeptes eines Individuums ist, „der sich aus seinem Wissen um seine Mitgliedschaft in sozialen Gruppen und aus dem Wert und der emotionalen Bedeutung ableitet, mit der diese Mitgliedschaft besetzt ist."[41] Gleichzeitig dient die Abwertung anderer Gruppen dazu, die Selbstbewertung durch Aufwertung der eigenen Gruppe zu stützen. Das heißt, dass der Erfolg und das Ansehen der eigenen Gruppe zur Aufwertung des Selbstkonzeptes beitragen[42] und dass der Arbeitgeber eine wichtige Quelle für das Selbstkonzept darstellt: Man genießt auf der einen Seite die Vorteile eines guten Arbeitgeber-Images, leidet auf der anderen aber auch an den Nachteilen durch ein schlechtes.[43]

Arbeitgebermarke

Der Begriff *Arbeitgebermarke* bzw. *Employer Branding* bezeichnet „die identitätsbasierte, intern wie extern wirksame Entwicklung und Positionierung eines Unternehmens als glaubwürdiger und attraktiver Arbeitgeber. Kern des Employer Brandings ist immer eine die Unternehmensmarke spezifizierende oder adaptierende Arbeitgebermarkenstrategie."[44] Der Begriff der Marke stammt aus dem Konsumgütermarketing und bezeichnet bestimmte „Vorstellungsbilder in den Köpfen der Anspruchsgruppen, die eine Identifikations- und Differenzierungsfunktion übernehmen und das Wahlverhalten prägen".[45] Der Erfolg der Marke hängt hier in großen Teilen von ihrer Identität, Glaubwürdigkeit und Einzigartigkeit ab. Die Kaufentscheidung wird durch das Bild, das eine Marke im Kopf des Konsumenten prägt, beeinflusst. Arbeitgebermarken wirken ähnlich, sie vermitteln „eine Antwort auf die Frage, warum

---

[41] Vgl. *Tajfel, Henri*, Gruppenkonflikt und Vorurteil: Entstehung und Funktion sozialer Stereotypen, Bern u.a. (Huber) 1. Aufl. 1982, 102.

[42] Vgl. *Underwood, Robert/Bond, Edward/Baer, Robert*, Building service brands via social identity: Lessons from the sports marketplace, in: Journal of Marketing Theory and Practice, 9 (2001), 1-14.

[43] Vgl. Dutton, Jane E./Dukerich, Janet M./Harquail, Celia V., Organizational images and member identification, in: Administrative Science Quarterly, 39/2 (1994), 239-263.

[44] *Deutsche Employer Branding Akademie (DEBA)*, Definition und Präambel, 2008, http://www.employerbranding.org/downloads/publikationen/DEBA_EB_Definition_Praeambel.pdf, abgerufen am: 20.12.2012, 1.

[45] *Esch, Franz-Rudolf*, Strategie und Technik der Markenführung, München (Vahlen) 7. Aufl. 2012, 22.

sich ein talentierter und qualifizierter Arbeitnehmer für ein bestimmtes Unternehmen als Arbeitgeber interessieren soll."[46]

Die Wirkung einer Arbeitgebermarke umfasst im Optimalfall interne wie externe Aspekte: Nach innen wirkt sie im Sinne der Theorie der sozialen Identität identitätsstiftend, verbessert das Betriebsklima, die Leistungsbereitschaft und trägt dazu bei, dass Mitarbeiter sich zu Botschaftern des Unternehmens und somit der Marke entwickeln. Nach außen wirkt sie durch die erwähnten Signaling-Effekte speziell auf dem Personalmarkt, wo sie die Attraktivität und Bekanntheit bei der Zielgruppe erhöht. Dadurch kann sichergestellt werden, dass das Unternehmen mehr und vor allem passendere Bewerbungen von Kandidaten erhält, deren Werte sich mit denen des Unternehmens decken.

2.2 Kommunikationsstrategien

2.2.1 Unternehmenskommunikation

Unternehmenskommunikation oder *Corporate Communication* ist ein Teilbereich der *Corporate Identity*[47] und bezeichnet „die Gesamtheit aller in einem Unternehmen stattfindenden sowie von einem Unternehmen ausgehenden Informations- und Kommunikationsprozesse."[48] Wenn in diesem Werk von Kommunikation die Rede ist, wird der Begriff als Synonym für Unternehmenskommunikation verwendet. Weil es hierbei in erster Linie um interne Kommunikationsprozesse im Rahmen des Personalmanagements geht, folgt davon ausgehend die Definition für Interne Unternehmenskommunikation:

> „Interne Kommunikation umfasst alle Aktivitäten der Botschaftsübermittlung zwischen aktuellen oder ehemaligen Mitgliedern einer Organisation auf unterschiedlichen hierarchischen Ebenen."[49]

---

[46] *Trost, Armin,* Employer Branding - Entwickeln einer Arbeitgebermarke, in: Personal-Profi 03 (2008), 136-140, 136.

[47] Vgl. *Birkigt, Klaus (Hrsg.),* Corporate Identity: Grundlagen, Funktionen, Fallbeispiele, München (Redline Wirtschaft bei Verl. Moderne Industrie) 2002, 18-22.

[48] *Bentele, Günter / Nothhaft, Howard,* Unternehmenskommunikation, in: Bentele, Günter / Brosius, Hans-Bernd / Jarren, Otfried. (Hg) Lexikon Kommunikations- und Medienwissenschaft, Wiesbaden (Springer) 2. Aufl. 2013, 348.

[49] *Bruhn, Manfred,* Unternehmens- und Marketingkommunikation: Handbuch für ein integriertes Kommunikationsmanagement, München (Vahlen) 2. Aufl. 2011, 1159.

Dabei handelt es sich um die weite Auffassung. Daneben definiert Bruhn auch die enge Definition, die in Unternehmen in der Praxis noch stärker verbreitet ist:

> „Mitarbeiterkommunikation umfasst alle primär Top-down gerichteten Aktivitäten der Botschaftsübermittlung innerhalb einer Organisation."[50]

Die Implikationen, die sich aus der Unterscheidung zwischen weiter und enger Definition ergeben sind vielfältig: Ein Unternehmen, das der engen Auffassung von Mitarbeiterkommunikation folgt, geht von einem traditionellen, überwiegend mechanistischem Organisationsbild aus. Art und Umfang der Kommunikation mit Mitarbeitern hängen stark von ihrer hierarchischen Position ab. Kommunikation geschieht meist Top-down in Form von Information und Weisungen. Die Zielgruppe beschränkt sich auf Mitglieder des Unternehmens und die Innenwirkungen des externen Auftritts spielen keine Rolle. Demgegenüber beinhaltet die weite Definition von Unternehmenskommunikation die Integration von Erfahrungen, Einstellungen und Meinungen der Mitarbeitenden in betriebliche Entscheidungen. Den Mitarbeitern stehen neben der Top-down-Kommunikation ebenso Kanäle für die Bottom-up- und In-between-Kommunikation, also der Seitwärtskommunikation unter Mitarbeitern, zur Verfügung. Medien der Dialogkommunikation stehen im Fokus und zur Zielgruppe gehören ehemalige ebenso wie derzeitige Mitarbeiter zusammen mit ihren Angehörigen, die mit den unternehmensinternen Kommunikationsprozessen in Kontakt kommen (können).[51]

Zusätzlich zur internen Kommunikation fällt im Rahmen des Personalmanagements auch die Kommunikation auf dem Personalmarkt an, mit dem Ziel, relevante Bewerbungen zu erhalten. Da der Fokus des Kommunikationskonzeptes jedoch auf der internen Kommunikation liegt, wird diese Kommunikationsform in der Entwicklung der Kommunikationsstrategie nur am Rande thematisiert.

2.2.2 Integrierte Kommunikation

> „Integrierte Kommunikation ist ein strategischer und operativer Prozess der Analyse, Planung, Durchführung und Kontrolle, der darauf ausgerichtet ist, aus den differenzierten Quellen der internen und externen Kommunikation von Unternehmen eine Einheit herzustellen, um ein für die Zielgruppen der Kommunikati-

---

[50] *Bruhn, Manfred,* Unternehmens- und Marketingkommunikation: Handbuch für ein integriertes Kommunikationsmanagement, München (Vahlen) 2. Aufl. 2011, 1159.

[51] Vgl. *Bruhn, Manfred,* Unternehmens- und Marketingkommunikation: Handbuch für ein integriertes Kommunikationsmanagement, München (Vahlen) 2. Aufl. 2011, 1159-1160.

on konsistentes Erscheinungsbild des Unternehmens bzw. eines Bezugsobjektes der Kommunikation zu vermitteln."[52]

Die Notwendigkeit für die Integration der Unternehmenskommunikation wurde durch die seit Jahrzehnten international geführte Corporate-Identity-Diskussion manifestiert.[53] Wenn im Rahmen einer Corporate Identity ein schlüssiger „Zusammenhang von Erscheinung, Worten und Taten"[54] erreicht werden soll, um ein authentisches Unternehmensbild zu erzeugen, bei dem Selbst- und Fremdbild übereinstimmen,[55] steht insbesondere die Unternehmenskommunikation im Fokus. Denn der Einsatz verschiedener Kommunikationsinstrumente und -maßnahmen wird vom Rezipienten nur dann positiv wahrgenommen, „wenn das vermittelte Erscheinungsbild in sich widerspruchsfrei ist".[56] Laut Integrationsthese nimmt die Notwendigkeit zur Integration mit dem Differenzierungsgrad einer Organisation zu, denn je mehr Fachabteilungen etc. gebildet werden, „desto schwieriger wird die Koordination zwischen den einzelnen Organisationseinheiten und desto notwendiger ist die Integration."[57]

Das Ziel der integrierten Kommunikation besteht wie in der Definition bereits deutlich wird, in der Herstellung eines einheitlichen Erscheinungsbildes. Da dies alleine dem Unternehmen noch keinen Nutzen bringt, ergibt sich die Frage nach den Wettbewerbsvorteilen im Kommunikationsmarkt, die aus einem einheitlichen Erscheinungsbild folgen. Borrego sieht zwei Phasen, in denen Wettbewerbsvorteile erzielt werden können: Zum einen in der Entwicklungsphase und zum anderen in der Wirkungsphase der Integrierten Kommunikation.[58] Zielsetzungen in der Entwicklungsphase sind die Motivationssteigerung der Mitarbeiter und ihre zunehmende Identifikation mit dem Unternehmen bzw. dem Bezugsobjekt der Kommunikation. Daraus entstehende ökonomische Auswirkungen sind beispielsweise sinkende

---

[52] *Bruhn, Manfred,* Unternehmens- und Marketingkommunikation: Handbuch für ein integriertes Kommunikationsmanagement, München (Vahlen) 2. Aufl. 2011, 99.

[53] *Bruhn, Manfred,* Unternehmens- und Marketingkommunikation: Handbuch für ein integriertes Kommunikationsmanagement, München (Vahlen) 2. Aufl. 2011, 96.

[54] *Birkigt, Klaus (Hrsg.),* Corporate Identity: Grundlagen, Funktionen, Fallbeispiele, München (Redline Wirtschaft bei Verl. Moderne Industrie) 2002, 18.

[55] Vgl. *Lehmeier, Markus,* Corporate Identity: So gewinnt ihr Unternehmen an Profil, Würzburg (Lexika/Krick) 2002, 45.

[56] *Bruhn, Manfred,* Unternehmens- und Marketingkommunikation: Handbuch für ein integriertes Kommunikationsmanagement, München (Vahlen) 2. Aufl. 2011, 101.

[57] *Bruhn, Manfred,* Unternehmens- und Marketingkommunikation: Handbuch für ein integriertes Kommunikationsmanagement, München (Vahlen) 2. Aufl. 2011, 97.

[58] Vgl. *Borrego, Carlos,* Organisation der integrierten Kommunikation: Entwicklung eines prozessorientierten Organisationsansatzes, Wiesbaden (Springer) 2006, 3-4.

Kosten durch die Vermeidung von Doppelarbeiten und die Effizienzsteigerung von Kommunikationsarbeit. In der Wirkungsphase sind die Ziele hauptsächlich auf die Kommunikationseffektivität ausgerichtet. Durch das Zusammenwirken der einzelnen Kommunikationsinstrumente soll eine sich potenzierende Wirkung erreicht und Kommunikationsdefizite vermieden werden. Die Kommunikationswirkung soll also durch ein einheitliches Erscheinungsbild verstärkt und durch einen Lerneffekt zur Vertrauenssteigerung bei den Mitarbeitern führen.

2.2.3 Kommunikationsstrategien

„Kommunikationsstrategien sind bedingte, mehrere Planungsperioden umfassende, verbindliche Verhaltenspläne für Kommunikationsinstrumente von Unternehmen mit Bezug auf ausgewählte Planungsobjekte (z.B. Marken, Produkte, Leistungen, Unternehmen)."[59]

Managementprozesse der Integrierten Kommunikation

Bruhn teilt die strategische Umsetzung der Integrierten Kommunikation in zwei Phasen: die erste umfasst den Planungsprozess der Integrierten Kommunikation selbst, die zweite beschreibt den Einsatz der Kommunikationsinstrumente im Rahmen der Integrierten Kommunikation. Die erste Phase, der Planungsprozess der Integrierten Kommunikation, geschieht bei Bruhn idealerweise nach dem iterativen Gegenstromverfahren bzw. Down-Up-Prinzip, bei dem der Top-Down- über eine Schnittstelle mit dem Bottom-Up-Ansatz verbunden wird. Das heißt, dass die Top-Down-Planung durch die Festlegung einer Strategie der Integrierten Kommunikation den Rahmen vorgibt und die Bottom-Up-Planung, die den Einsatz der einzelnen Kommunikationsinstrumente entwickelt, über die Phase *Integration der Kommunikationsstrategie in die Strategie der Integrierten Kommunikation* mit der Top-Down-Planung verbunden ist (vgl. Abbildung 4).[60]

Die zweite Phase, die den Einsatz der Kommunikationsinstrumente beschreibt, umfasst im Fall der internen Kommunikation die planerischen Schritte Situationsanalyse, Zielsetzung, Zielgruppenplanung, Festlegung der Strategie, Budgetierung, Maßnahmenplanung, Integration in den Kommunikationsmix und Erfolgskontrolle. Diese Punkte werden im weiteren Verlauf noch näher erläutert.

---

[59] *Bruhn, Manfred,* Kommunikationspolitik, München (Vahlen) 4. Aufl. 2007, 226.
[60] Vgl. *Bruhn, Manfred,* Unternehmens- und Marketingkommunikation: Handbuch für ein integriertes Kommunikationsmanagement, München (Vahlen) 2. Aufl. 2011, 132-133.

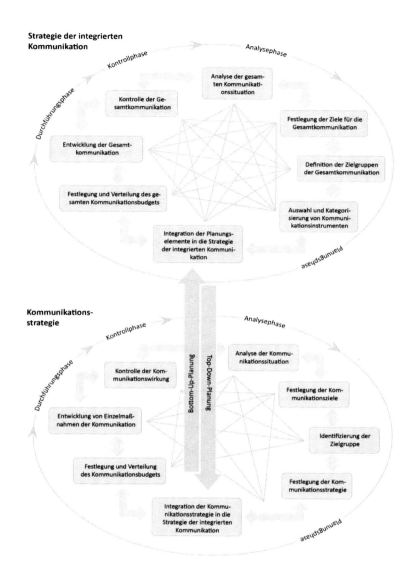

Abbildung 4: Zusammenführung der Managementprozesse im Sinne einer Down-Up-Planung (in Anlehnung an: *Bruhn, Manfred,* Unternehmens- und Marketingkommunikation: Handbuch für ein integriertes Kommunikationsmanagement, München (Vahlen) 2. Aufl. 2011, 133).

3 | UNTERSUCHUNGSRAHMEN

3.1 Mentales Modell

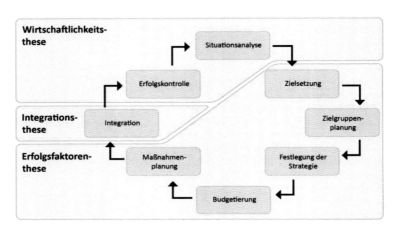

Abbildung 5: Mentales Modell des Kommunikationskonzeptes.

Die Wirtschaftlichkeitsthese umfasst die Entwicklung von zentralen Botschaften und stellt die Grundlage für Green HRM-Kommunikation dar. Die Ergebnisse sind vor allem für die Situationsanalyse und Erfolgskontrolle von Bedeutung. Im Schritt der Situationsanalyse wird überprüft, welcher Bedarf durch Green HRM gedeckt werden muss, während innerhalb der Erfolgskontrolle überprüft wird, in welchem Grad die erhofften Vorteile erreicht werden konnten.

Die Erfolgsfaktorenthese stellt den zentralen Teil innerhalb der Thesen dar und umfasst inhaltlich ebenso die meisten Schritte des Strategieentwicklungsprozesses. Die Ergebnisse betreffen insbesondere die Entwicklungsschritte der Zielsetzung, Zielgruppenplanung, Strategiefestlegung, Budgetierung und Maßnahmenplanung.

Die Integrationsthese schlägt die Brücke zwischen Green HRM und der Kommunikationsstrategie-Entwicklung. Sie verdeutlicht die Notwendigkeit des Strategieentwicklungsprozesses für die Implementierung eines Green HRM. Inhaltlich bezieht sich die Integrationsthese vor allem auf den Entwicklungsschritt der Integration.

3.2 Methodik

3.2.1 Bearbeitung der Thesen

Da zum Thema Green HRM wenig Literatur im deutschsprachigen Raum vorhanden ist, werden im Rahmen der ersten beiden Thesen größtenteils Studien untersucht, die in englischsprachigen Journals veröffentlicht wurden (unter anderem *The International Journal of Human Resource Management, Journal of Management Studies, Journal of Business and Psychology*). Die Ausführungen zur dritten These stützen sich vor allem auf Bruhn[61], der das Konzept der Integrierten Kommunikation ausführlich beschrieben hat.

3.2.2 Entwicklung einer Kommunikationsstrategie

In der zweiten Phase sollen die gewonnen Ergebnisse für die Entwicklung einer Kommunikationsstrategie für Green HRM adaptiert werden. Hauptgrundlage für die Implementierung stellt Bruhns Konzept der Strategieentwicklung für eine integrierte Kommunikation dar. Die darin enthaltenen Schritte Situationsanalyse, Zielsetzung, Zielgruppenplanung, Festlegung der Strategie, Budgetierung, Maßnahmenplanung, Integration in den Kommunikationsmix sowie Erfolgskontrolle werden einzeln auf die Green HRM-Kommunikation übertragen. Eine weitere wichtige Rolle bei der Maßnahmenplanung spielt das Konzept des Sozialen Intranet von Frank Wolf.[62]

---

[61] *Bruhn, Manfred*, Unternehmens- und Marketingkommunikation: Handbuch für ein integriertes Kommunikationsmanagement, München (Vahlen) 2. Aufl. 2011.
[62] Wolf, Frank, Social Intranet: Kommunikation fördern, Wissen teilen, effizient zusammenarbeiten, München u.a. (Hanser) 2011.

4 | BEARBEITUNG DER THESEN

4.1 Wirtschaftlichkeitsthese

These 1: *Je stärker ein Management in Green HRM investiert, desto größer sind die sich daraus ergebenden Wettbewerbsvorteile.*

4.1.1 Wettbewerbsfähigkeit

Auch wenn Studien von Porter/Van den Linden,[63] Ambec/Lamoie[64] und Crotty/Rodgers[65] einige Hinweise darauf geben, dass sich eine bessere Umweltbilanz auch in finanziellem Gewinn niederschlägt, gibt es noch keine Studien, die die explizite Auswirkungen eines Green HRM-Systems auf unternehmensweite Performanz-Werte untersucht haben.[66] Dennoch ist eine Erhöhung der Wirtschaftlichkeit nach Bansal und Roth[67] eine der Hauptmotivationen bei der Frage, wieso Unternehmen einen stärkeren Fokus auf die Umweltverantwortung setzen.

Porter und van der Linden[68] schlagen vor, dass jede Art von Umweltbelastung als eine Form von Ineffizienz angesehen wird, die Unternehmen herausfordert, Kosten zu senken und dadurch die Wettbewerbsfähigkeit zu erhöhen. In der Praxis geschieht das durch die Optimierungen von Prozessen, beispielsweise in der Fertigung oder im Recycling, die Einsparung von Ressourcen wie Strom, Wasser und anderen Rohstoffen sowie durch die Vermeidung von Abfallprodukten.

Wird ein Umweltmanagement konsequent umgesetzt, baut sich außerdem ein Innovationsdruck auf, der ein grundsätzliches Umdenken von Produkten und Prozessen verlangt und so

---

[63] Vgl. *Porter, Michael E./van der Linde, Claas*, Toward a new conception of the environment competitiveness relationship, in: Journal of Economic Perspectives 9 (1995), 97-118, 105-106.

[64] Vgl. *Ambec, Stefan/Lanoie, Paul*, Does It Pay to Be Green? A Systematic Overview, in: Academy of Management Perspectives 43 (2008), 45-62, 57-58.

[65] Vgl. *Crotty, Jo/Rodgers, Peter*, Sustainable development in the Russia Federation: the limits of greening within industrial firms, in: Corporate Social Responsibility and Environmental Management 19/3 (2012), 178-190, 186-187.

[66] Vgl. *Renwick, Douglas W.S./Redman, Tom/Maguire, Stuart*, Green Human Resource Management: A Review and Research Agenda, in: International Journal of Management Reviews 15/1 (2013), 1-14, 10.

[67] Vgl. *Bansal Pratima/Roth, Kendall*, Why companies go green: A model of ecological responsiveness, in: Academy of Management Journal 43 (2000), 717-736.

[68] Vgl. *Porter, Michael E./van der Linde, Claas*, Toward a new conception of the environment competitiveness relationship, in: Journal of Economic Perspectives 9 (1995), 97-118, 105-106.

zu Verbesserungen und Innovationen führen kann. Dadurch, dass dieser Prozess komplex ist und personalintensive Strukturen verlangt, kann er von Wettbewerbern nur sehr aufwendig imitiert werden und bietet so eine Chance für die Schaffung eines schwer nachahmbaren Wettbewerbsvorteile.[69]

Auch wenn die genannten Maßnahmen nicht unbedingt dem Personalmanagement zugerechnet werden, hängen sie doch insoweit damit zusammen, als dass sie ohne entsprechende Schulungen und die Akzeptanz der Mitarbeiter kaum umsetzbar wären. Direkte Auswirkungen eines umweltorientierten Personalmanagements auf die Wirtschaftlichkeit eines Unternehmens ergeben sich aus dem Zusammenhang zwischen Personalmanagement im Allgemeinen und unternehmerischer Leistung, der in der Forschung gut untersucht und allgemein anerkannt ist. Investitionen in Green HRM wirken sich intern insbesondere auf die Mitarbeiterzufriedenheit aus, indem Arbeitsbedingungen verbessert und die Bedürfnisse einer zunehmend umweltbewussten Mitarbeiterschaft befriedigt werden. Das lässt darauf schließen, dass Green HRM nicht nur zur Verbesserung der Umweltbilanz beiträgt, sondern auch für die wirtschaftliche Leistungsfähigkeit der Organisation eine Rolle spielt.[70]

4.1.2 Personalbeschaffung

Eine der zentralen Herausforderungen des Personalmanagement ist die Gewinnung von leistungsfähigen Mitarbeitern. Green HRM kann beim *war for talents* eine entscheidende Hilfe sein, wenn es im Sinne einer Arbeitgebermarke (vgl. Kapitel 2.1.3) eingesetzt wird, um die Attraktivität für junge, zunehmend umweltbewusste Arbeitnehmer zu erhöhen. Nach Dechant und Altmann[71] werden Arbeitnehmer bevorzugt, bei denen die eigenen Werte mit denen des Unternehmens möglichst übereinstimmen. Und nach einer Studie mit US-amerikanischen BWL-Studenten spiele die Bezahlung zwar die größte Rolle für die Wahl des Berufes, ein positives Umwelt-Image einer Organisation sei jedoch der stärkste Prädiktor

---

[69] Vgl. *Berrone, Pascual/Gomez-Mejia, Luis R.*, Environmental Performance and Executive Compensation: An Integrated Agency-Institutional Perspective, in: Academy of Management Journal, 52 (2009), 103-126, 106.

[70] Vgl. *Renwick, Douglas W.S./Redman, Tom/Maguire, Stuart*, Green Human Resource Management: A Review and Research Agenda, in: International Journal of Management Reviews 15/1 (2013), 1-14, 11.

[71] Vgl. *Dechant, Kathleen/Altman Barbara*, Environmental Leadership: From Compliance to Competitive Advantage, in: Academy of Management Executive 8/3 (1994), 7-27, 8.

hinsichtlich der Gesamtattraktivität im Auswahlprozess.[72] Renwick et al. machen außerdem darauf aufmerksam, dass manche Bewerber bereit wären, einen geringeren Verdienst in Kauf zu nehmen, um für ein umweltbewusstes Unternehmen zu arbeiten.[73]

Aber auch für bestehende Mitarbeiter spielt ein attraktives Unternehmensimage eine wichtige Rolle: Nach der in Kapitel 2.1.3 vorgestellten Theorie der sozialen Identität identifizieren sie sich auch über ihren Arbeitsplatz.

4.1.3 Legitimation & Akzeptanz

Eine der treibenden Kräfte auf dem Gebiet des Umweltschutzes ist die Gesetzgebung. Steigende Bußgelder, Sanktionen und Gerichtskosten sorgen für die Umsetzung von strenger werdenden Umweltauflagen.[74] Auch Stakeholder im Sinne von Kunden, örtlichen Gemeinschaften und Umweltschutzgruppen sind zunehmend sensibler bei dem Thema.[75] Unternehmen, die sich also rechtzeitig strategisch mit Umweltmanagement auseinander setzen, können nicht nur teuren Neukalkulationen und Nachfinanzierungen aus dem Weg gehen,[76] sondern die Reputation des Unternehmens verbessern, den Zugang zu Ressourcen sichern und Stakeholder-Beziehungen stärken.[77]

Muster und Schrader[78] machen deutlich, dass ein Unternehmen entscheidend von der Mundpropaganda seiner Mitarbeiter profitieren kann. Sie stellt ein wichtiges Mittel zur Verbreitung von umweltpolitischen Botschaften dar und kann zu einer positiveren Wahrnehmung des Unternehmens von Seiten der Stakeholder führen.

---

[72] Vgl. *Aiman-Smith, Lynda/Bauer, Talya N./Cable, Daniel M.*, Are you attracted? Do you intend to pursue. A recruiting policy capturing study, in: Journal of Business and Psychology, 16 (2001), 219-237, 233.

[73] Vgl. Renwick, Douglas W.S. / Redman, Tom / Maguire, Stuart, Green Human Resource Management: A Review and Research Agenda, in: International Journal of Management Reviews 15/1 (2013), 1-14, 10.

[74] Vgl. *Bansal Pratima/Roth, Kendall*, Why companies go green: A model of ecological responsiveness, in: Academy of Management Journal 43 (2000), 717-736, 718.

[75] Vgl. *Backhaus, Kristin B./Stone, Brett A./Heiner, Karl*, Exploring relationships between corporate social performance and employer attractiveness, in: Journal of Business and Psychology 16/2 (2002), 219-237, 222.

[76] Vgl. *Lampe, Mark/Ellis, Seth R./Drummond, Cherie K.*, What companies are doing to meet environmental protection responsibilities: Balancing legal, ethical, and profit concerns, in: Proceedings of the International-al Association for Business and Society (1991), 527-537.

[77] Vgl. *Bansal, Pratima*, Evolving sustainably: A longitudinal study of corporate sustainable development, in: Strategic Management Journal, 26 (2005), 197-218.

[78] Vgl. *Muster, Viola / Schrader, Ulf*, Green Work-Life Balance A New Perspective for Green HRM, in: Zeitschrift für Personalforschung, 25/2 (2011), 152.

4.1.4 Langfristige Perspektive

Neben den kurz- und mittelfristigen wirtschaftlichen Vorteilen, die ein Umweltmanagement mit sich bringt, fordern Marcus und Fremeth, die langfristigen Auswirkungen stärker in den Fokus zu nehmen. Sie argumentieren, dass der wahre Wert von Umweltschutz nicht berechnet werden könne, weil Kosten häufig sofort spürbar seien, der volle Nutzen aber erst viel später. Umweltmanagement sei demnach ein öffentliches Gut, dessen Wert ein Unternehmen nicht angemessen beurteilen kann.[79] Marcus und Fremeth stellen die Frage, wer das Recht habe, darüber zu bestimmen, welche Lasten der nächsten Generation aufgeladen werden dürfen und ob der Umwelt irreversiblen Schäden zugefügt werden dürften. Die Plicht zu Nachhaltigkeit und Umweltschutz ist aus einer moralischen oder normativen Perspektive demnach absolut und steht über dem Zwang zur Profitmaximierung.[80]

4.1.5 Kommunikations-Aspekte

Eine Voraussetzung für erfolgreiches Green HRM ist eine von der Notwendigkeit und den Vorteilen überzeugte Belegschaft. Das fängt bei der Unternehmensführung an und reicht bis zum Reinigungspersonal. Eine Kommunikationsstrategie muss also die Aspekte Notwendigkeit und Vorteilhaftigkeit deutlich vermitteln und eine Identifikation mit dem Thema Umweltschutz schaffen. Beim Aspekt Notwendigkeit könnte der Fokus auf den langfristigen Auswirkungen liegen, während beim Aspekt Vorteilhaftigkeit die direkten kurz- und mittelfristigen Auswirkungen kommuniziert werden. Konkrete Botschaften gegenüber Mitarbeitern könnten mit folgenden Themen arbeiten: Jobsicherheit durch eine stärkere Wettbewerbsfähigkeit, Verbesserung der Arbeitsbedingungen, Möglichkeiten zum kreativen Mitdenken, Freiheiten zur Umsetzung von Ideen, Belohnung von Engagement, Steigerung der Attraktivität des Unternehmens und dadurch auch eine Aufwertung der Mitarbeiter, stärkere Identifikation mit den Werten des Unternehmens, stärkeres Zusammengehörigkeitsgefühl durch das gemeinsame Hinarbeiten auf ein lohnenswertes Ziel, Wahrnehmung der Verantwortung, Erhaltung der Umwelt für nachfolgende Generationen, Vermeidung von irreversiblen Schäden, Wertschätzung der Umwelt usw. Der Auslöser ist dabei stets Green HRM bzw.

---

[79] Vgl. *Teece, David J.*, Explicating dynamic capabilities: The nature and microfoundations of (sustainable) enterprise performance, in: Strategic Management Journal, 28/13 (2007), 1319-1350, 1329.
[80] Vgl. *Marcus, Alfred A./Fremeth, Adam R.*, Green management matters regardless, in: Academy of Management Perspectives 23 (2009), 17-26, 19.

die Ergebnisse des Umweltmanagement. Es muss also deutlich werden, dass diesen Aussagen implizit oder auch explizit die Worte „... durch unser Engagement für die Umwelt/unsere umweltfreundlichen Produkte etc." folgen.

4.1.6 Beurteilung

Um die Wirtschaftlichkeitsthese uneingeschränkt bestätigen zu können, fehlen nach der Durchsicht der bestehenden Literatur aussagekräftige Studien, die den Effekt von Green HRM auf die Performanz-Werte eines Unternehmens untersuchen. Ein wichtiges Element einer Kommunikations-Strategie muss also auch die mitlaufende Erfolgskontrolle sein.

Die meisten Studien, die sich mit den Effekten von Umweltmanagement beschäftigen, räumen ein, dass die zu erwartenden Vorteile von Umweltmanagement stark vom Markt abhängig sind, auf dem das Unternehmen tätig ist. Die Effekte sind dort am stärksten, wo Unternehmen mit einer Nischenstrategie Kunden ansprechen, die besonderen Wert auf nachhaltige Produkte legen[81] und wo Unternehmen sich durch Umweltmanagement einen Kompetenzzuwachs erarbeiten, der aufeinander ergänzenden und spezialisierten Fähigkeiten basiert.[82] Auf der anderen Seite gibt es auch Kritiker, die das Erreichen einer Win-Win-Situation beim Einsatz von Umweltmanagement für Unternehmen bezweifeln und darauf hinweisen, dass der Absatz von umweltfreundlichen Produkten dem der traditionellen hinterherhinkt und Verbraucher Produkte ablehnen, die mehr kosten, jedoch schlechter funktionieren.[83]

Doch schon jetzt können einige Felder ausgemacht werden, die Investitionen in Green HRM rechtfertigen. Wird Umweltbelastung als Form von Ineffektivität verstanden, lässt sich durch die Optimierung von Prozessen, Einsparung von Ressourcen und Vermeidung von Abfallprodukten die Effektivität steigern. Da dafür ein grundsätzliches Umdenken notwendig ist, kann der Prozess genutzt werden, um durch Innovationen und Optimierung von innen heraus schwer nachahmbare Wettbewerbsvorteile zu erzielen. Des Weiteren können Unternehmen

---

[81] Vgl. *Brio, Jesús A. del/Fernandez, Esteban/Junquera, Beatriz,* Management and employee involvement in achieving an environmental action-based competitive advantage: an empirical study, in: The International Journal of Human Resource Management, 18/4 (2007), 492.

[82] Vgl. *Marcus, Alfred A./Fremeth, Adam R.,* Green management matters regardless, in: Academy of Management Perspectives 23 (2009), 17-26, 22.

[83] Vgl. *Walley, Noah, & Whitehead, Bradley,* It's not easy being green, in: Harvard Business Review 72/3 (1994), 46-52, 46.

mit einem Green HRM die Mitarbeiterzufriedenheit und ihre Attraktivität auf dem Personalbeschaffungsmarkt erhöhen sowie den Regularien durch den Gesetzgeber zuvorkommen und Stakeholder-Beziehungen stärken.

Forschungsbedarf besteht noch bei der Frage, ob Unternehmen in der Anfangsphase des Kompetenzerwerbs mit höheren Kosten rechnen müssen, die mit wachsender Praxis und Erfahrung überwunden werden können.[84]

Dass Unternehmen und ihre Mitarbeiter der Umwelt gegenüber ihre Verantwortung stärker wahrnehmen müssen, ist letztendlich keine Frage des „ob", sondern des „wann". Je früher sie sich damit beschäftigen, desto eher kann von den positiven Aspekten eines Green HRM profitiert und desto glaubwürdiger kann ein grünes Image vermittelt werden.

4.2 Erfolgsfaktorenthese

These 2: *Für den Erfolg einer Green HRM-Kommunikation ist die Steigerung von Involvement, Motivation und Kompetenz innerhalb der Belegschaft von ausschlaggebender Bedeutung.*

4.2.1 Involvement

Ohne Zweifel sind marktspezifische, betriebliche und behördliche Anforderungen die wichtigsten Treiber für Umweltmanagement. Trotzdem wird eine Mitarbeiterbeteiligung in der Forschung als kritisch für den Erfolg von Umweltmanagement gesehen.[85] Denn auch wenn ein Management die Notwendigkeit und Vorteilhaftigkeit von Umweltmanagement erkannt hat, ist zu beobachten, dass der Prozess von vielen Mitarbeitern nicht willkommen geheißen sondern ausgebremst wird.[86] So ist ein scheiterndes Umweltmanagement in einem Unternehmen auch häufig auf den Widerstand des eigenen Personals zusammenzuführen. Denton schreibt dazu: „Eine gute Planung des Mitarbeiter-Involvements und entsprechender Aktivi-

---

[84] Vgl. *Marcus, Alfred A./Fremeth, Adam R.*, Green management matters regardless, in: Academy of Management Perspectives 23 (2009), 17-26, 24.
[85] Vgl. *Renwick, Douglas W.S./Redman, Tom/Maguire, Stuart*, Green Human Resource Management: A Review and Research Agenda, in: International Journal of Management Reviews 15/1 (2013), 1-14, 6.
[86] Vgl. *Strebel, Paul*, Why Do Employees Resist Change?, in: Harvard Business Review 74/3 (1996), 86-92, 86.

täten sind der Schlüssel zum Umweltmanagement. Eine Management-Initiative ohne Mitarbeiter-Involvement ist nutzlos."[87]

Um diesem Problem zu begegnen und die Mitarbeiter dahin zu bringen, dass sie sich mit dem Thema Umweltschutz identifizieren können, ist es von entscheidender Bedeutung, sie in den gesamten Prozess einzubeziehen. Also nicht nur in die Umsetzung, sondern bereits in die Ziel- und Strategieformulierung.[88] Mitarbeiter-Involvement geschieht dabei auf drei Ebenen: Erstens durch die Erschließung von implizitem Wissen der Mitarbeiter, das durch ihre Nähe zu Produktionsprozessen im Unternehmen entsteht, zweitens durch die Beteiligung der Mitarbeiter an der Ideengenerierung und Entscheidungsfindung im Rahmen des Umweltmanagements und drittens durch die Schaffung einer Unternehmenskultur, die die Umsetzung von Umweltmanagementzielen fördert und ermöglicht.[89]

Obwohl Mitarbeiter-Kreativität als eine wichtige Ressource bei der Lösung von umweltspezifischen Problemen in Unternehmen gesehen wird,[90] scheitert die Nutzung häufig an der bestehenden Unternehmenskultur, die nicht in der Lage ist, Ideen von Mitarbeitern wahrzunehmen, auszuwählen und umzusetzen. Eine wichtige Aufgabe des Managements besteht also darin, den Mitarbeitern die Autonomie zu gewähren, eigene kreative Lösungen zu Problemen, die sich im Zusammenhang mit Umweltmanagement ergeben, zu entwickeln und ihr implizites und explizites Wissen auf diese Weise einzubringen. Empowerment (Befähigung) und Teamwork sind dabei die grundlegenden Instrumente, mit denen ein Unternehmen umweltrelevante Innovation und Involvement steigern kann.[91] Konkret heißt das: Zusätzlich zu traditionelleren Ansätzen des Mitarbeiter-Involvements wie Newsletter oder Vorschlagswesen könnten Umwelt-Teams eingerichtet werden, deren Aufgabe es wäre, Lösungen zu entwickeln, mit denen die gesamte Belegschaft besser mit in den Prozess einbezogen werden kann, das Unternehmen umweltfreundlicher zu gestalten. Auch innerbetriebliche Recyc-

---

[87] *Denton, D. Keith*, Employee involvement, pollution control and pieces to the puzzle, in: Environmental Management and Health 10/2 (1999) 105-111, 110-111, eigene Übersetzung.

[88] Vgl. *Klassen, Robert D./McLaughlin, Curtis P.*, TQM and Environmental Excellence in Manufacturing, in: Industrial Management and Data Systems 93 (1993), 14-22, 18.

[89] Vgl. *Renwick, Douglas W.S. / Redman, Tom / Maguire, Stuart*, Green Human Resource Management: A Review and Research Agenda, in: International Journal of Management Re-views 15/1 (2013), 1-14, 7.

[90] Vgl. *Beard, Colin,/Hartmann, Rainer,* Naturally enterprising Eco design, creative thinking and the greening of business products, in: European Business Review, 97/5 (1997), 237-243, 238.

[91] Vgl. *Ichniowski, Casey et al.*, What Works at Work: Overview and Assessment, in: Industrial Relations 35/3 (1996), 325-332, 325.

lingsysteme oder gruppendynamische Instrumente wie CO^2-Wettbewerbe könnten mithelfen, implizites Wissen zu erschließen.[92]

Kitazawa/Sarkis[93] und Stone[94] weisen darauf hin, dass ein erfolgreiches Umweltmanagement nicht allein durch die Veränderung von Produktionsprozessen, Waren oder Rohmaterial zu erreichen ist, sondern dass es darauf ankommt, eine Unternehmenskultur zu etablieren, die auf Werten basiert, die eine langfristige Nachhaltigkeit unterstützen. Eine gängige Definition für Kultur stammt von Edgar Schein, der sie versteht als „ein Muster gemeinsamer Grundprämissen, das die Gruppe bei der Bewältigung ihrer Probleme externer Anpassung und interner Integration erlernt hat, das sich bewährt hat und somit als bindend gilt; und das daher an neue Mitglieder als rational und emotional korrekter Ansatz für den Umgang mit Problemen weitergegeben wird."[95] Duncan betont die drei Charakteristiken von Unternehmenskultur: Sie wird erlernt, geteilt und nach außen gesendet.[96] So wirkt sie nicht nur nach innen, sondern prägt ebenfalls das Image des Unternehmens auf dem Absatz- und Personalbeschaffungsmarkt.

Der erste Schritt zur Gestaltung einer umweltorientierten Unternehmenskultur liegt in der Erarbeitung und Kommunikation eines umweltpolitischen Manifests. So weist Ramus darauf hin, dass die Wahrscheinlichkeit, dass Angestellte sich an einer Umweltinitiative beteiligten mehr als doppelt so hoch ist, wenn die Verpflichtung des Unternehmens zu seinem umweltpolitischen Bekenntnis klar kommuniziert wird.[97] Damit sich diese Kultur weiterentwickeln kann, wird auch hier wieder die Ermutigung der Mitarbeiter, Vorschläge abzugeben und die Möglichkeit, sich an umweltverbessernden Aktivitäten zu beteiligen, als zentral angesehen.

---

[92] Vgl. *Clarke, Emma*, Power brokers, in: People Management 12/10 (2006), 40-42.
[93] Vgl. *Kitazawa, Shinichi/Sarkis, Joseph*, The relationship between ISO 14001 and continuous source reduction programs, in: International Journal of Operations and Production Management, 20 (2000), 225-248.
[94] Vgl. *Stone, Lesley J.*, When case studies are not enough: the influence of corporate culture and employee attitudes on the success of cleaner production initiatives, in: Journal of Cleaner Production 8 (2000), 353-359.
[95] Vgl. *Schein, Edgar*, Unternehmenskultur für Führungskräfte, Frankfurt (Campus) 1995, 25.
[96] Vgl. *Duncan, W. Jack*, Organizational Culture: 'Getting a Fix' on an Elusive Concept, in: Academy of Management Executive 2 (1989), 229-236, 229.
[97] Vgl. *Ramus, Catherine A.*, Encouraging innovative environmental actions: what companies and managers must do, in: Journal of World Business 37 (2002), 151-164, 159.

Madsen und Ulhoi betonen, dass die Mitarbeiter dafür gut über Umweltthemen informiert werden müssen, die ihren Arbeitsplatz betreffen.[98]

In der Literatur wird in diesem Zusammenhang besonders die Rolle des Managements hervorgehoben, weil es die Verantwortung dafür trägt, die Bedingungen für eine positive Entwicklung der Unternehmenskultur zu schaffen.[99] Ramus identifiziert fünf Kategorien, von Management-Verhalten in Unternehmen mit einer Kultur, in der grüne Mitarbeiterinitiativen unterstützt werden. Diese sortiert er nach den Ergebnissen seiner Studie der Wirksamkeit nach:[100]

1. Umweltkommunikation: die Mitarbeiterkommunikation wird mit einem partizipativem Umweltmanagement-Stil gefördert, einschließlich der Verwendung eines demokratischen, nicht hierarchischen Ansatzes.
2. Umweltspezifischer Kompetenzaufbau: Mitarbeiter werden ermutigt, ihre Umweltkompetenz weiter zu entwickeln, dafür werden Zeit und Ressourcen bereitgestellt.
3. Umweltspezifische Belohnung und Anerkennung: mit täglichem Lob und Auszeichnungen werden Umwelterfolge gewürdigt und Problemlösungsmechanismen verfestigt.
4. Management von Zielen und Verantwortung: Ziele und Verantwortung werden mit den Angestellten geteilt.
5. Umweltinnovation: Es herrscht eine Offenheit für neue Umweltideen, Mitarbeiter werden ermutigt, zu experimentieren und Lösungen für Umweltprobleme zu entwickeln.

Im Optimalfall übernehmen Arbeitnehmer gelerntes, umweltbewusstes Verhalten auch in das Privatleben oder können Ideen und Erfahrungen, die sie in ihrem Privatleben entwickelt haben, ins Arbeitsleben übertragen. Hier sollte aber kein Zwang aufgebaut werden. Widerstand gegen Umweltmanagement tritt nach Muster und Schrader häufig dann auf, wenn Arbeitnehmer ihre Verhaltensfreiheit in Gefahr sehen, sie also das Gefühl haben, dass der Arbeitgeber ihren Lebensstil auch außerhalb der Arbeitsstelle bestimmen möchte. Das könn-

---

[98] Vgl. *Madsen, Henning/Ulhoi, John P.*, Greening of human resources: environmental awareness and training interests within the workforce, in: Industrial Management and Data Systems 101 (2001), 57-63.

[99] Vgl. *Fernandez, Esteban/Junquera, Beatriz/Ordiz, Mónica*, Organizational culture and human resources in the environmental issue, in: The International Journal of Human Re-source Management 14 (2003), 634-656, 636+640-641.

[100] Vgl. *Ramus, Catherine A.*, Encouraging innovative environmental actions: what companies and managers must do, in: Journal of World Business 37 (2002), 151-164, 161.

te zu kontraproduktiven Effekten, wie einem weniger umweltfreundlichen Verhalten im Privatleben führen.[101]

4.2.2 Kompetenzförderung

Die meisten operativen Maßnahmen im Rahmen eines Umweltmanagements benötigen ein erhöhtes Bewusstsein und umfangreicheres Wissen über Prozesse und Materialien sowie eine Verbesserung der Mitarbeiter-Kompetenz. Eine weitere Schlüsselmaßnahme für Green HRM ist also die Schulung bestehender Mitarbeiter, um das Bewusstsein für die Umweltauswirkungen der Unternehmensaktivitäten zu sensibilisieren, die Motivation für umweltorientiertes Engagement zu erhöhen, Mitarbeiter mit umweltrelevanten Qualifikationen auszustatten und die allgemeine Expertise für Umwelt-Themen im Unternehmen zu erhöhen.[102] Schließlich haben gut ausgebildete und umweltbewusste Mitarbeiter aufgrund ihrer Nähe zu den verursachenden Prozessen die besten Voraussetzungen, um Abfall und Umweltverschmutzung in Unternehmensprozessen zu identifizieren und zu reduzieren.[103] Fernández et al. betonen, dass dafür alle Mitarbeiter des Unternehmens – nicht nur die einiger Abteilungen wie z.B. der Produktion – entsprechende Schulungen erhalten müssen.[104]

Neben der Mitarbeiter-Schulung wird auch der Ausbildung von Managern in der Literatur eine hohe Priorität zugesprochen. So kann man beobachten, dass Umweltmanagement zunehmend in die Lehrpläne von MBA-Studiengängen aufgenommen wird.[105] Dabei besteht nach Bansal und Roth ein starker Zusammenhang zwischen persönlichen Werten von Managern und umweltorientierter Führung.[106]

---

[101] Vgl. Muster, Viola / Schrader, Ulf, Green Work-Life Balance A New Perspective for Green HRM, in: Zeitschrift für Personalforschung, 25/2 (2011), 140-156, 152.

[102] Vgl. *Renwick, Douglas W.S. / Redman, Tom / Maguire, Stuart*, Green Human Resource Management: A Review and Research Agenda, in: International Journal of Management Reviews 15/1 (2013), 1-14, 3.

[103] Vgl. *Renwick, Douglas W.S. / Redman, Tom / Maguire, Stuart*, Green Human Resource Management: A Review and Research Agenda, in: International Journal of Management Reviews 15/1 (2013), 1-14, 3.

[104] Vgl. *Fernandez, Esteban/Junquera, Beatriz/Ordiz, Mónica*, Organizational culture and human resources in the environmental issue, in: The International Journal of Human Re-source Management 14 (2003), 634-656, 644.

[105] Vgl. *Beyond Grey Pinstripes*, Global 100 List, Aspen (Beyond Grey Pinstripes) 2010.

[106] Vgl. *Bansal Pratima / Roth, Kendall*, Why companies go green: A model of ecological responsiveness, in: Academy of Management Journal 43 (2000), 717-736, 728.

Beim Einsatz von Aus-und Weiterbildungsmaßnahmen gibt Rees[107] zu bedenken, dass Widerstand von Seiten der Mitarbeiter auftreten kann, wenn die Maßnahmen unglaubwürdig wirken – z.B. durch eine übertrieben politisch-korrekte Art – oder es dabei nur darum geht, die Umsetzung der Umweltziele autoritär einzufordern. Unternehmen müssen also nicht nur Schulungsmöglichkeiten entwickeln, sondern – wie in allen Aus- und Fortbildungsmaßnahmen – die Wirksamkeit überwachen.

4.2.3 Motivation

Ramus unterscheidet zwischen intrinsischen und extrinsischen Faktoren. Umweltrelevante, intrinsische Faktoren ergeben sich aus eigenen Überzeugungen, Werten und Bedürfnissen der Mitarbeiter.[108] Zur Förderung der extrinsischen Motivation besteht die Aufgabe des Unternehmens darin, Mitarbeitern Anreize zu liefern, sich an der Suche nach innovativen Lösungen für Umweltprobleme zu beteiligen. Hier wird deutlich, dass Involvement, Unternehmenskultur und Motivation dicht beieinander liegen. Vieles, das für die Steigerung des Involvements gesagt wurde, gilt auch für die Motivation. Auch hier beginnt die Motivationsförderung bei der Kommunikation von Umweltrichtlinien, die die Verpflichtung eines Unternehmens verdeutlichen in die Verbesserung der Umweltsituation zu investieren und die Bedeutung von Umwelt-Initiativen aus der Belegschaft betonen. Im zweiten Schritt ist die konkrete Unterstützung von Vorgesetzten gefragt, wie z.B. durch die Zuweisung von Zeit und Ressourcen für Versuche und die Entwicklung von Ideen, durch die Belohnung von Ideen, mittels Förderung von umweltbezogener Kompetenzentwicklung und durch Offenheit gegenüber Ideen von Angestellten.

Genauso wie den Motivationsfaktoren sollte auch den Faktoren, die zur Demotivation von Mitarbeitern führen, Beachtung geschenkt werden. Eine der größten Kritikpunkte aus Sicht der Mitarbeiter gegen Umweltmanagement ist laut Fernández et al. die Tendenz zur erhöhten Bürokratie.[109] Auch darf Green HRM nicht isoliert vom gesamten Personalmanagement

---

[107] Vgl. *Rees, Stephen*, Action through ownership: learning the way at Kent County Council, in: *Wehrmeyer, Walter* (Hrsg.), Greening People: Human Resources and Environmental Management. Sheffield: Greenleaf Publishing, pp. 357–375, 367.

[108] Vgl. *Ramus, Catherine A.*, Organizational Support for Employees: Encouraging Creative Ideas for Environmental Sustainability, in: California Management Review 43/3 (2001), 85-105.

[109] Vgl. *Taylor, Geoff/Welford, Richard*, An Integrated Systems Approach to Environmental Management: A Case Study of IBM UK, in: Business Strategy and the Environment, 2/3 (1993), 1-11, 9.

betrachtet werden. Es wird sich schwerlich eine hohe Motivation für das Umweltmanagement einstellen, wenn andere grundlegende Bereiche des Personalmanagements nicht funktionieren.[110]

Renwick et al. weisen darauf hin, dass der Bereich der Motivation durch Belohnungssysteme und umweltrelevante Leistungsbewertung im Forschungsfeld des Green HRM vergleichsweise wenig erforscht ist.[111] Im Folgenden sollen die Ergebnisse von vorhandenen Studien vorstellt werden, da es sich dabei im Personalmanagement um wichtige Instrumente zur Beeinflussung von Mitarbeiter-Motivation handelt.

Belohnungssysteme

Es gibt einige Studien, die den Zusammenhang zwischen Umweltperformanz und davon abhängigen Belohnungssystemen untersucht haben. Die meisten bestätigen, dass es einen Zusammenhang zwischen performanzabhängigen Managergehältern und erreichten Umweltmanagement-Zielen gibt.[112] Gleichzeitig geben Russo und Harrison[113] auf Basis weiterführender Analysen jedoch zu bedenken, dass die Managergehälter eher das Ergebnis als die Ursache von Umweltperformanz seien und sich die entsprechenden Unternehmen reaktiv verhielten.

Mitarbeiter unterhalb der Management-Ebene werden in der Praxis selten monetär für das Erreichen umweltrelevanter Ergebnisse entlohnt. Meist handelt es sich bei der Belohnung um Formen der Anerkennung, bezahlten Urlaub oder Gutscheine. Dabei können diese Belohnungsformen nach Ramus[114] durchaus eine signifikant höhere Bereitschaft bewirken, Umwelt-Initiativen anzustoßen und zu einer offenen Kommunikationsatmosphäre führen, in denen sich Angestellte offen und ungezwungen über grüne Ideen austauschen.

---

[110] Vgl. *Renwick, Douglas W.S. / Redman, Tom / Maguire, Stuart*, Green Human Resource Management: A Review and Research Agenda, in: International Journal of Management Re-views 15/1 (2013), 1-14, 11.

[111] Vgl. *Renwick, Douglas W.S. / Redman, Tom / Maguire, Stuart*, Green Human Resource Management: A Review and Research Agenda, in: International Journal of Management Reviews 15/1 (2013), 1-14, 10.

[112] Vgl. *Renwick, Douglas W.S. / Redman, Tom / Maguire, Stuart*, Green Human Resource Management: A Review and Research Agenda, in: International Journal of Management Reviews 15/1 (2013), 1-14, 5.

[113] Vgl. *Russo, Michael V. / Harrison, Niran S.*, Organizational design and environmental performance: clues from the electronics industry, in: Academy of Management Journal 48 (2005), 583-593.

[114] Vgl. *Ramus, Catherine A.*, Organizational support for employees: encouraging creative ideas for environmental sustainability, in: California Management Review 43 (2001), 85-105.

Umweltspezifische Leistungsbewertung

Bei der umweltspezifischen Leistungsbewertung spielen Themen wie bereits aufgetretene Umweltvorfälle, die Umsetzung ökologischer Verantwortung und die Kommunikation von Umweltthemen sowie der verfolgten Umweltpolitik eine wichtige Rolle. Auch die Fragen nach der Verantwortung und den Möglichkeiten der Verantwortungszuweisung müssen hier gestellt werden. Und zwar nicht nur auf der Ebene des Managements, sondern innerhalb der gesamten Mitarbeiterschaft eines Unternehmens.[115] Neben positiven Anreizen können auch Sanktionen als Mittel für die Durchsetzung von Umweltmanagementzielen angewandt werden. Dabei ist jedoch zu beachten, dass aufgrund von Selbstschutzmechanismen nicht mit guten Ergebnissen bei der selbständigen Erkennung von Umweltproblemen gerechnet werden kann.[116]

Die Frage, wie man umweltrelevante Leistung messbar machen kann, wird immer noch diskutiert. In einem Report[117] schlägt TUSDAC, ein Ausschuss des britischen Ministeriums für Umwelt, Ernährung und ländliche Angelegenheiten (DEFRA) vor, Performanz-Indikatoren für jedes Umweltrisiko festzulegen. So haben Unternehmen wie 3M, Novartis oder IBM umweltspezifische Performanz-Standards gebildet und überprüfen den Erfolg mittels Audits.[118]

4.2.4 Kommunikations-Aspekte

Wenn man die Maßnahmen, mit denen Umweltmanagement in Unternehmen umgesetzt wird, einzeln für sich betrachtet, fällt auf, dass der Punkt Kommunikation wie in Kapitel 4.2.1 dargestellt die größte Auswirkung auf das Involvement und die Motivation von Mitarbeitern hat. Und zwar sowohl die *Top-Down-Kommunikation*, bei der die Verpflichtung eines Unternehmens zu seinem umweltpolitischen Bekenntnis den Mitarbeitern gegenüber vermittelt wird, bei der umweltrelevante Informationen rechtzeitig bereitgestellt und Ziele und Sanktionen klar kommuniziert werden als auch die *Bottom-Up-Kommunikation*. Dieser kommt in

---

[115] Vgl. *Milliman, John / Clair, Judith*, Best environmental HRM practices in the U.S., in: *Wehrmeyer, Walter* (Hrsg.), Greening People: Human Resources and Environmental Management. Sheffield (Greenleaf Publishing) 1996, 49-73, 59.

[116] Vgl. *Renwick, Douglas W.S. / Redman, Tom / Maguire, Stuart*, Green Human Resource Management: A Review and Research Agenda, in: International Journal of Management Reviews 15/1 (2013), 1-14, 5.

[117] Vgl. *TUSDAC*, Greening the workplace, http://www.tuc.org.uk/economy/tuc-9996-f0.pdf, Juni 2005, abgerufen am 06.10.2012.

[118] Vgl. *Marcus, Alfred A. / Fremeth, Adam R.*, Green management matters regardless, in: Academy of Management Perspectives 23 (2009), 17-26, 20.

der Umsetzung von Green HRM eine besondere Rolle zu, weil sie maßgeblich an der Erhöhung von Involvement und Motivation beteiligt ist. Das beginnt damit, dass Mitarbeiter bereits in die Strategieformulierung integriert werden, geht über Problemlösungsgruppen und reicht bis zur Implementierung einer Unternehmenskultur, in der Mitarbeiter-Vorschläge einen festen Platz haben und mit Zeit und Ressourcen ausgestattet werden.

Einer Kommunikationsstrategie für Green HRM kommt also die Aufgabe zu, Kommunikationssysteme und -plattformen zu entwickeln, die diesem hohen Bedürfnis an Kommunikation gerecht werden.

4.2.5 Beurteilung

Die Erfolgsfaktorenthese kann nach Durchsicht der Forschungsergebnisse in der Literatur voll bestätigt werden. Involvement, Motivation und Kompetenzentwicklung sind die hauptsächlichen Erfolgsfaktoren für das Gelingen eines Umweltmanagements. Eine Kommunikationsstrategie, die ein Green HRM-System im Unternehmen implementieren will, sollte sich also darauf konzentrieren, diese Aspekte zu fördern.

Involvement, Kompetenzentwicklung und Motivation können nicht, wie hier geschehen, getrennt voneinander betrachtet werden. Sie hängen eng miteinander zusammen, denn ohne Motivationsanreize leidet das Involvement und umgekehrt. Auch die Kompetenz-Entwicklung hat einen großen Einfluss, weil sich dadurch zum einen der Handlungsspielraum für Involvement vergrößert und gleichzeitig Motivation entsteht, wenn das Bedürfnis, sich weiter zu entwickeln und Neues kennen zu lernen, befriedigt wird. Umgekehrt wird die Kompetenzentwicklung keine Frucht tragen und sogar zur Demotivation führen, wenn das Gelernte nicht einen Rahmen bekommt, in dem es eingesetzt, kreativ neu kombiniert und weiterentwickelt werden kann.

4.3 Integrationsthese

These 3: *Green HRM-Kommunikation kann nur glaubwürdig vermittelt werden, wenn sie im Rahmen einer integrierten Unternehmenskommunikation eng mit der restlichen Unternehmenskommunikation verzahnt wird.*

Beim Thema Umweltschutz geht es immer auch um das Thema Glaubwürdigkeit – zu oft steckt hinter einer grünen Kampagne bloß alter Wein in neuen Schläuchen oder es werden halbherzige Vorsätze kommuniziert, die schon am ersten Widerstand scheitern. Vor allem intern fällt Green Washing, also grünes Gerede ohne Substanz besonders schnell auf, weil die Informationsasymmetrie innerhalb eines Unternehmens in der Regel geringer ist, als auf den Märkten.[119] Die eigenen Mitarbeiter erkennen zuerst, ob ein Umweltmanagement nur mit geringer Priorität nebenher läuft und eher pro Forma betrieben wird. Dementsprechend entwickeln sich ihre Akzeptanz und ihr Involvement für das Thema.

Die Voraussetzung für eine glaubwürdige Identität ist eine konsistente Kommunikation, denn wie in der Einleitung bereits erwähnt, wird der Einsatz verschiedener Kommunikationsinstrumente und -maßnahmen vom Rezipienten nur dann positiv wahrgenommen, „wenn das vermittelte Erscheinungsbild in sich widerspruchsfrei ist".[120] Die Notwendigkeit für die Integration der Unternehmenskommunikation ist in der Literatur anerkannt und wurde in Kapitel 2.2.2 bereits aufgezeigt. Wettbewerbsvorteile können demnach sowohl in der Entwicklungsphase (durch zunehmende Identifikation sowie Motivations- und Effizienzsteigerung) als auch in der Wirkungsphase der Integrierten Kommunikation (potenzierende Wirkung durch Kommunikationseffektivität, Vertrauenssteigerung, Minimierung von Kommunikationsdefiziten) erzielt werden.

4.3.1 Abstimmungsbedarf der Kommunikationsformen

Kommunikationsdefizite entstehen, wenn nötige Abstimmungsprozesse in einem Kommunikationssystem nicht durchgeführt werden, also mangelnde Kommunikation vorliegt oder aus inhaltlicher, formaler oder zeitlicher Sicht widersprüchliche Kommunikation gesendet wird. Sollen diese Defizite vermieden werden, muss interne Kommunikation mit den Formen der externen, horizontalen und vertikalen Kommunikation abgestimmt werden.[121]

Abstimmungsmöglichkeiten zwischen interner und externer Kommunikation ergeben sich im Zusammenhang mit Green HRM beispielsweise, wenn eine Marketingkampagne geplant ist, die die Nachhaltigkeit oder das Verantwortungsbewusstsein des Unternehmens betont.

---

[119] Vgl. *Muster, Viola/Schrader, Ulf*, Green Work-Life Balance A New Perspective for Green HRM, in: Zeitschrift für Personalforschung, 25/2 (2011), 140-156, 152.
[120] *Bruhn, Manfred*, Unternehmens- und Marketingkommunikation: Handbuch für ein integriertes Kommunikationsmanagement, München (Vahlen) 2. Aufl. 2011, 101.
[121] Vgl. *Bruhn, Manfred*, Unternehmens- und Marketingkommunikation: Handbuch für ein integriertes Kommunikationsmanagement, München (Vahlen) 2. Aufl. 2011, 97-98.

Wenn intern jedoch gleichzeitig keine Anstrengungen unternommen werden, um die Umweltbilanz zu verbessern, leidet die Glaubwürdigkeit der Unternehmenskommunikation innerhalb der Belegschaft. Das gleiche gilt für die horizontale Kommunikation: Green HRM-Kommunikation ist auf intensive Abstimmungen innerhalb und zwischen den Abteilungen angewiesen, wenn sie einen Beitrag zur Erfüllung von Umwelt-Zielen leisten soll. So dürfte es wenig zielführend sein, wenn die Verwaltungsabteilung beschließt, ihre IT-Geräte nach Arbeitsschluss vom Stromnetz zu trennen, der Stromverbrauch bei der Neuanschaffung von Maschinen in der Produktionsabteilung jedoch gar keine Rolle spielt. Abstimmungsbedarf ergibt sich auch zwischen den verschiedenen Unternehmenshierarchien auf der Ebene der vertikalen Kommunikation. Wenn z.B. Umweltziele unzureichend und zu kurzfristig kommuniziert werden oder innovative Problemlösungen aus der Mitarbeiterschaft nicht wahrgenommen und aufgegriffen werden.

Ein Beispiel für die Integration der vertikalen Kommunikation, das in der Umweltmanagement-Forschung betont wird, bietet die Top-Down-Kommunikation durch das Management. Es geht dabei um die Frage, wie die Unternehmensführung glaubhaft die Priorität von Umweltmanagement und die Verpflichtung zu umweltpolitischen Zielen kommunizieren kann. Neben der Bereitstellung der entsprechenden Strukturen, Ressourcen und Anreize identifizieren Portugal und Yukl symbolische Akte von Seiten des Managements als Mittel der Top-Down-Kommunikation, um persönliches Engagement deutlich zu machen.[122] Denn Vorgesetzte nehmen bei diesem Thema eine besonders starke Vorbildfunktion ein und tragen maßgeblich zur Glaubwürdigkeit der Umweltpolitik bei, wenn sie mit umweltfreundlichen Aktionen in Erscheinung treten. So wird ein Manager, der ein spritsparendes Auto fährt oder mit dem Fahrrad zur Arbeit kommt, Umweltziele sehr viel glaubhafter vermitteln können, als jemand, der einen überdimensionierten Geländewagen nutzt.

4.3.2 Integrationsdimensionen der Kommunikationsinstrumente

Betrachtet man die einzelnen Kommunikationsinstrumente eines Unternehmens geschieht deren Integration über drei verschiedene Formen: der Inhaltlichen, formalen und zeitlichen Integration. Inhaltliche Integration ist langfristig ausgerichtet und zielt darauf, durch thema-

---

[122] Vgl. *Portugal, Ed/Yukl, Gary*, Perspectives on Environmental Leadership, in: Leadership Quarterly 5 (1994), 271-276, 275.

tische Verbindungslinien die Konsistenz, Eigenständigkeit und Kongruenz der Kommunikation zu sichern. Formale Integration geschieht mittel- bis langfristig und zeichnet sich durch eine stärkere Wiedererkennung durch die Einhaltung von einheitlichen Gestaltungsprinzipien aus. Die zeitliche Integration verfügt über einen kurz- bis mittelfristigen Zeithorizont und beinhaltet die Abstimmung von Kommunikationsinstrumenten innerhalb und zwischen den Planungsperioden.

Diese drei Integrationsformen sollten darüber hinaus jeweils auf der interinstrumentalen und intrainstrumentalen Ebene angewendet werden. Interinstrumentale Integration bezeichnet dabei die Vernetzung aller kommunikationspolitischer Aktivitäten mit den Maßnahmen anderer Kommunikationsinstrumente, also Mediawerbung, Direct Marketing, Sponsoring, Persönliche Kommunikation, Event Marketing, Social Media Marketing, Mitarbeiterkommunikation und andere, während intrainstrumentale Integration die Vernetzung innerhalb der einzelnen Kommunikationsinstrumente, also beispielsweise innerhalb der Mitarbeiterkommunikation, meint.[123]

4.3.3 Beurteilung

Es wird deutlich, dass eine Green HRM-Kommunikation das gesamte Personal im Blick haben muss, denn das Verständnis, dass Unternehmen Institutionen sind, die Wissen integrieren und daraus Fähigkeiten generieren, richtet den Blick auf eine starke Vernetzung zwischen den Mitgliedern der Organisation. Und es setzt die Förderung von Stabilität und sozialen Beziehungen zwischen Mitgliedern voraus, die wissen, welche Rolle sie spielen und wie sie diese ausführen können. Die Umwelt-Vision muss Teil der Unternehmensidentität werden und die Handlungen ihrer Teilnehmer bestimmen.[124] Die Vermittlung dieser Vision und die Vernetzung zwischen den Mitgliedern kann nur über eine integrierte Kommunikation, die bereichsübergreifend funktioniert, erreicht werden.

---

[123] Vgl. *Bruhn, Manfred,* Unternehmens- und Marketingkommunikation: Handbuch für ein integriertes Kommunikationsmanagement, München (Vahlen) 2. Aufl. 2011, 115-117.
[124] Vgl. *Dutton, Jane E./Dukerich, Janet M.*, Keeping an Eye on the Mirror: Image and Identity in Organizational Adaptation, in: Academy of Management Review 34 (1991), 517-554, 532.

4.4 Zusammenfassung der Ergebnisse

Die Ergebnisse, die aus der Bearbeitung der drei Thesen gewonnen werden konnten, spielen in der folgenden Entwicklung einer Kommunikationsstrategie eine prominente Rolle und fließen in alle Schritte mit ein. Der erste Punkt (Überzeugungsarbeit) umfasst die Botschaften, die im Vorfeld kommuniziert und verinnerlicht werden sollten, um die Akzeptanz der im nächsten Schritt folgenden Maßnahmen (Involvement, Kompetenzförderung, Motivation und Integration) zu erhöhen. Diese Maßnahmen lassen sich als Handlungsanweisungen folgendermaßen zusammenfassen:

Botschaften, von denen die Mitarbeiter überzeugt werden müssen

<u>Notwendigkeit (langfristig) – Green HRM bedeutet:</u>

- Wahrnehmung der Verantwortung
- Erhaltung der Umwelt für nachfolgende Generationen
- Vermeidung von irreversiblen Schäden
- Wertschätzung gegenüber der Umwelt

<u>Vorteilhaftigkeit (kurz- bis mittelfristig) – Erzielbare Vorteile durch Green HRM sind:</u>

- Erhöhte Wettbewerbsfähigkeit
    - Effizienzsteigerung durch Optimierung, Einsparung, Vermeidung
    - schwer nachahmbare Wettbewerbsvorteile (durch Innovationen von innen und durch komplexe und personalintensive Strukturen)
    - Vermeidung von unerwarteten Kosten durch Umweltauflagen oder Klagen
    - Sichererer Zugang zu Ressourcen
- Bessere Arbeitsbedingungen
    - Höhere Mitarbeiterzufriedenheit
- Attraktiveres Unternehmensimage
    - Höhere Attraktivität auf dem Personalbeschaffungsmarkt
    - Höhere Identifikation mit dem Unternehmen
    - Verbesserte Stakeholder-Beziehungen

Handlungsanweisungen zur Steigerung des Involvement

Implizites Wissen erschließen

- Autonomie gewähren durch Empowerment und Teamwork, damit Mitarbeiter eigene, kreative Lösungen entwickeln (z.B. durch Umwelt-Teams, innerbetriebliche Recyclingsysteme, gruppendynamische Instrumente)
- Möglichkeit bieten, sich an umweltverbessernden Aktivitäten zu beteiligen
- Zeit und Ressourcen bereitstellen

Mitarbeiter an der Ideengenerierung und Entscheidungsfindung beteiligen

- Mitarbeiter in den gesamten Prozess einbeziehen
- partizipative, demokratische, gleichberechtigte Mitarbeiterkommunikation etablieren
- Ziele, Verantwortung und Erfolge mit den Angestellten teilen
- Gründe für Widerstand identifizieren und darauf eingehen (z.B. Bürokratieaufwand minimieren)

Eine Unternehmenskultur schaffen, die die Umsetzung von Umweltmanagementzielen fördert und ermöglicht

- Eine umweltpolitische Vision erarbeiten und kommunizieren
- Umwelterfolge würdigen und Problemlösungsmechanismen verfestigen
- Mitarbeiter gut über Umweltthemen informieren, die ihren Arbeitsplatz betreffen
- Mitarbeiter ermutigen, Vorschläge abzugeben und ihre Umweltkompetenz weiter zu entwickeln,
- Offenheit für neue Umweltideen beweisen, Mitarbeiter ermutigen, Versuche und Lösungen für Umweltprobleme zu entwickeln.

Handlungsanweisungen für die Kompetenzförderung

Aus- und Weiterbildungsmöglichkeiten ermöglichen (auch und v.a. für das Management)

- Bewusstsein für Umweltauswirkungen der Unternehmenstätigkeiten sensibilisieren
- Motivation für umweltorientiertes Engagement erhöhen
- Mitarbeiter mit umweltrelevanten Qualifikationen ausstatten
- allgemeine Expertise für Umwelt-Themen im Unternehmen erhöhen

Glaubwürdigkeit gewährleisten

- Wirksamkeit der Maßnahmen überwachen

Handlungsanweisungen zur Steigerung der Motivation

Umweltspezifische Leistungsbewertung einführen

- Verantwortlichkeiten innerhalb der gesamten Mitarbeiterschaft klären
- Performanz-Indikatoren für Umweltrisiken festlegen und überprüfen
- Positive Anreize und Sanktionen kommunizieren und umsetzen

Belohnungssysteme implementieren wie z.B.:

- Formen der Anerkennung
- Gutscheine
- Finanzielle Anreize

Bei der Personalauswahl auf intrinsische Motivation der Bewerber für Umweltschutz achten

- Insbesondere beim Management

Notwendige Integrationsdimensionen

Integration der Kommunikation innerhalb der Kommunikationsformen

- Intern, Extern, Horizontal, Vertikal

Interinstrumentale und intrainstrumentale Integration

- Zeitlich, inhaltlich, formal

5 | ENTWICKLUNG EINER KOMMUNIKATIONSSTRATEGIE

5.1 Situationsanalyse

Der Ausgangspunkt einer Kommunikationsstrategie ist die Situationsanalyse. Diese dient dazu, den momentanen Standpunkt zu erfassen und definieren zu können, in welchen Bereichen Veränderungen notwendig sind. Sie sollte umso detaillierter erarbeitet werden, wenn sie vorher noch nicht durchgeführt wurde und darüber hinaus regelmäßig wiederholt werden.[125] Bruhn definiert die Situationsanalyse im Zusammenhang mit Unternehmenskommunikation wie folgt:

---

[125] *Bruhn, Manfred*, Unternehmens- und Marketingkommunikation: Handbuch für ein integriertes Kommunikationsmanagement, München (Vahlen) 2. Aufl. 2011, 1171.

„Eine Situationsanalyse ist eine Bestandsaufnahme kommunikationsrelevanter Sachverhalte mit dem Ziel, kommunikationspolitische Chancen und Risiken sowie Stärken und Schwächen offen zu legen. Dabei beinhaltet sie die Vorgänge der Informationsbedarfsermittlung, Informationsbeschaffung sowie der Analyse und Aufbereitung unternehmensexterner und -interner Daten. Das Ergebnis einer Situationsanalyse ist die Herausarbeitung der kommunikativen Problemstellung eines Produktes, einer Marke, einer Leistung beziehungsweise eines Unternehmens."[126]

Bruhn teilt den Prozess der Situationsanalyse in fünf Schritte, die im folgenden Verlauf für die Entwicklung einer Kommunikationsstrategie für Green HRM durchgegangen werden:

1. Erfassung und Bewertung der unternehmensinternen und -externen Einflussfaktoren
2. Chancen-Risiken-Analyse
3. Stärken-Schwächen-Analyse
4. Zusammenführung zur SWOT-Analyse
5. Herausarbeitung der kommunikativen Problemstellung für den weiteren Einsatz der Mitarbeiterkommunikation

5.1.1 Unternehmensinterne und -externe Einflussfaktoren

Bei der Erfassung der unternehmensinternen und -externen Einflussfaktoren werden die Bereiche Strukturen, Systeme und Kultur des Unternehmens untersucht. Dabei sollte den Ergebnissen aus der Erarbeitung der Thesen (Kapitel 4.4) besondere Aufmerksamkeit geschenkt werden und das Unternehmen auf den Status der hier aufgestellten Handlungsanweisungen hin überprüft werden. Fragestellungen, die sich im Zusammenhang mit Green HRM ergeben, sind beispielhaft in Tabelle 1 zusammengefasst.

---

[126] *Bruhn, Manfred,* Unternehmens- und Marketingkommunikation: Handbuch für ein integriertes Kommunikationsmanagement, München (Vahlen) 2. Aufl. 2011, 133.

	STRUKTUREN	**SYSTEME**	**KULTUREN**
EXTERNE EINFLUSSFAKTOREN	- Rechtlich-politische Umwelt: Welche Umweltauflagen und -gesetze liegen vor? Gibt es Umweltverbände, oder Bürgerinitiativen die eine Rolle spielen könnten? - Ökonomische Umwelt: Wie hoch ist die Nachfrage nach grünen Produkten? Wie entwickeln sich die Kosten für benötigte Ressourcen? - Marktstruktur: Welche Marktformen (Polypol/Monopol) liegen vor? - Wettbewerbsstruktur: Wie kommunizieren Wettbewerber das Thema Umwelt? - Kundenstruktur: Wie wichtig ist das Thema Nachhaltigkeit für Kunden?	- Strategische Allianzen: Gibt es (potentielle) Partner im Bereich des Umweltschutzes? - Technologische Umwelt: Gibt es (neue) Technologien oder Trends, die für Green HRM verwendet werden können? - Mediale Systeme: Gibt es (neue) mediale Kommunikations- und Informationssysteme, die für Green HRM verwendet werden können? Z.B.: Soziale Netzwerke. - Vernetzung mit Lieferanten und Kunden: Kann externes Feedback bezüglich Green HRM abgerufen werden? Können Prozesse entlang der Wertschöpfungskette umweltfreundlicher gestaltet werden?	- Sozio-kulturelle Umwelt: Was sind die in der Gesellschaft dominanten Sichtweisen bezüglich Nachhaltigkeit und Umweltschutz? - Fremde Unternehmenskulturen: Wie ist das Thema Green HRM in der Kultur anderer Unternehmen verankert? - Berufliche/Private Außenkontakte: Welche Erwartungen an Green HRM liegen innerhalb der Mitarbeiterschaft durch das Kennenlernen von anderen Unternehmenskulturen durch berufliche oder private Kontakte vor?

	STRUKTUREN	SYSTEME	KULTUREN
INTERNE EINFLUSSFAKTOREN	▪ Aufbauorganisation: Wie sind die Zuständigkeiten für Green HRM geregelt? Welche Priorität wird dem Thema zugestanden? Wie stark ist die Trennung zwischen Bereichen bzw. Abteilungen? ▪ Hierarchien: Inwieweit fördern bzw. behindern Hierarchie-Strukturen effektives Green HRM? ▪ Ablauforganisation: Wie wird die Mitarbeiterentwicklung gestaltet? Wie wird implizites Wissen erschlossen? In welchem Maß werden Teamorientierung und Prozessorganisation umgesetzt? ▪ Internationalisierung: Inwieweit muss die Green HRM-Kommunikation an internationale Zielgruppen angepasst werden? Welche landesspezifischen Besonderheiten müssen beachtet werden?	▪ Informations- und Kommunikationssysteme: Welche Kommunikationsmittel werden für die interne Kommunikation verwendet? Werden Ideen aufgegriffen und umgesetzt? Gibt es ein Wissensmanagement? ▪ Internes Beschwerdemanagementsystem: Ist ein Beschwerdemanagementsystem vorhanden? Wie wird die Bottom-Up-Kommunikation praktiziert? ▪ Anreizsysteme: Gibt es leistungsspezifische Bewertungen und Belohnungssysteme?	▪ Nonverbale Kommunikation: Welche Haltung drückt das Unternehmen durch nonverbale Signale wie Baustil, Gebäudeeinrichtungen oder Fuhrpark zum Thema Umweltschutz und Nachhaltigkeit aus? ▪ Dialogorientierung: Gibt es Berührungspunkte zwischen Unternehmensführung und Belegschaft? Wie viel Wert wird auf den Dialog gesetzt? ▪ Offenheit: Wie offen und ehrlich sind Top-down-, Bottom-up- und In-between-Kommunikation? ▪ Vertrauen: Wie ausgeprägt sind das gegenseitige Vertrauen und das Vertrauen in die Unternehmensführung? ▪ Involvement: Wie ausgeprägt ist das Involvement innerhalb der Mitarbeiterschaft? ▪ Motivation: Wie motiviert sind die Mitarbeiter?

Tabelle 1: Mögliche unternehmensexterne und -interne Einflussfaktoren im Rahmen der Situationsanalyse (in Anlehnung an: *Bruhn, Manfred,* Unternehmens- und Marketingkommunikation: Handbuch für ein integriertes Kommunikationsmanagement, München (Vahlen) 2. Aufl. 2011, 1172).

5.1.2 Chancen-Risiken-Analyse

Aus den im ersten Schritt erfassten Einflussfaktoren können Chancen und Risiken für die Green HRM-Kommunikation identifiziert werden. Diese lassen sich hauptsächlich aus den unternehmensexternen Kriterien wie der gesamtwirtschaftlichen Entwicklung, der Marktstruktur, der Werteentwicklung in der Gesellschaft oder den Entwicklungen in den Kommunikationstechnologien ableiten.[127] Chancen und Risiken für eine Green HRM-Kommunikation könnten sich also beispielsweise ergeben durch:

- Die [gegebene / nicht gegebene] Erfüllung relevanter gesetzlicher Umweltschutz-Bestimmungen, Strafen bzw. Klagen aufgrund von Versäumnissen
- [Gute / Belastete] Beziehungen zu umweltrelevanten Stakeholdern, erhöhte Aufmerksamkeit der Medien aufgrund von [negativen/positiven] Vorkommnissen
- Eine [hohe/geringe] Nachfrage nach umweltfreundlichen Produkten und Dienstleistungen, allgemeiner [stabiler/instabiler] Zustand der (Welt-)Wirtschaft
- [Sinkende/Steigende] Kosten für Ressourcen wie Strom, Wasser, Wärme, Rohstoffe etc.
- [Wenige / Viele] relevante Mitbewerber auf dem Markt bzw. in der Marktnische der umweltfreundlichen Produkte und Dienstleistungen
- [Stabile / Instabile] Kundenbeziehungen, [hohe / niedrige] Kundenzufriedenheit und -bindung aufgrund des [hohen/niedrigen] betrieblichen Engagements für die Umwelt
- [Starke/Schwache bzw. fehlende] Partner im Bereich des Umweltschutzes
- Neue, ressourcenschonendere Kommunikationsmöglichkeiten und Technologien/Erhöhte Transparenz und beschleunigte Kommunikation durch neue mediale Systeme
- Ein [großes/geringes bzw. fehlendes] Interesse an Umweltschutz und Nachhaltigkeit in der Gesellschaft
- [Niedrige/Hohe bzw. überhöhte] Erwartungen der Mitarbeiter an Green HRM aufgrund von Beispielen aus Unternehmen mit [weniger/mehr] Ressourcen

---

[127] Vgl. *Bruhn, Manfred,* Unternehmens- und Marketingkommunikation: Handbuch für ein integriertes Kommunikationsmanagement, München (Vahlen) 2. Aufl. 2011, 1174

5.1.3 Stärken-Schwächen-Analyse

Die Stärken-Schwäche-Analyse speist sich primär aus den unternehmensinternen Daten. Eine Auflistung der Ergebnisse könnte folgendermaßen aussehen:

- [Hohe / Niedrige] Priorität von Green HRM, [gute / schlechte] Ausstattung mit Personal und Ressourcen
- [Wenig ausgeprägte/Starke] Trennung zwischen Bereichen bzw. Abteilungen
- Aus- und Weiterbildungsmöglichkeiten zum Thema Umweltschutz [werden / werden nicht oder nur unzureichend] durchgeführt bzw. ermöglicht
- Teamwork spielt eine [wichtige/keine bzw. untergeordnete] Rolle im Arbeitsalltag
- An den Internationalisierungsgrad [gut/schlecht] angepasste Kommunikation
- Die Möglichkeiten der bestehenden Informations- und Kommunikationssysteme werden [effizient/wenig effizient] genutzt
- Die nonverbalen Signale [entsprechen/widersprechen] den Umweltmanagement-Zielen
- Es gibt [viele/wenig] Schnittpunkte zwischen Unternehmensführung und Belegschaft, es existiert [eine/keine] rege Dialogkultur, [Flache/Steile] Hierarchien
- Die Unternehmenskultur [ist / ist nicht] von Offenheit, Ehrlichkeit und gegenseitigem Vertrauen geprägt, die Informationen von Seiten der Unternehmensführung [werden / werden nicht] als glaubwürdig und vollständig angesehen
- Instrumente zur Steigerung von Motivation und Involvement [kommen / kommen nicht] erfolgreich zur Anwendung

5.1.4 Zusammenführung zur SWOT-Analyse

Um das Verhältnis zwischen Chancen/Risiken und Stärken/Schwächen zu verdeutlichen und Implikationen und Zusammenhänge, die sich daraus ergeben, erkennen zu können, werden die Erkenntnisse im nächsten Schritt in Relation zueinander gestellt. Neben dem Blick auf die Gegenwart sollte eine zukunftsorientierte Perspektive eingenommen werden, indem die Entwicklung der Chancen, Risiken, Stärken und Schwächen und die sich daraus ergebenden Interdependenzen eingeschätzt werden.[128] Ein Beispiel für ein fiktives Unternehmen:

---

[128] Vgl. *Kutschker, Michael / Schmid, Stefan*, Internationales Management, München (Oldenbourg) 6. Aufl. 2008, 842.

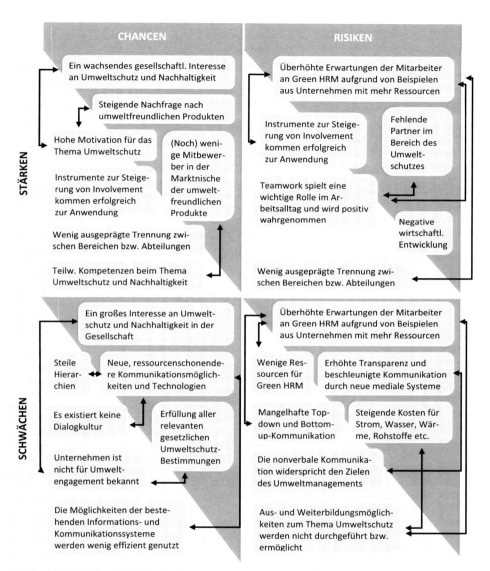

Tabelle 2: Beispiel einer SWOT-Matrix einer Green HRM-Kommunikation (in Anlehnung an: *Bruhn, Manfred,* Unternehmens- und Marketingkommunikation: Handbuch für ein integriertes Kommunikationsmanagement, München (Vahlen) 2. Aufl. 2011, 1174).

Indem die einzelnen Ergebnisse in Relation zueinander gesetzt werden, ergeben sich neue Erkenntnisse: So kommen im Beispiel in Tabelle 2 die teilweise vorhandenen Mitarbeiter-Kompetenzen und eine hohe Mitarbeitermotivation beim Thema Umweltschutz und Nachhaltigkeit dem wachsenden Interesse an Umweltschutz und Nachhaltigkeit in der Gesellschaft, der steigenden Nachfrage nach umweltfreundlichen Produkten und dem momentan noch geringen Wettbewerb in der Marktnische entgegen. Durch die enge Zusammenarbeit der einzelnen Abteilungen untereinander dürften sich Innovationen im Umweltschutz schnell untereinander verbreiten. Umso wichtiger ist es, die Involvement-Instrumente dafür zu nutzen, das implizite Wissen der Mitarbeiter im Bereich des Umweltschutzes und der Nachhaltigkeit zu erschließen und umzusetzen.

Demgegenüber steht die Schwäche, dass das Unternehmen bisher nicht für das Umweltengagement bekannt ist, obwohl es alle relevanten gesetzlichen Umweltschutz-Bestimmungen erfüllt. Daraus würde sich für Green HRM eine neue, bisher nicht wahrgenommene Chance ergeben: eine gute Position auf dem Personalmarkt, wenn das Engagement für die Umwelt auch bei der entsprechenden Zielgruppe bekannt gemacht wird. Da eine Zunahme der Konkurrenz in den nächsten Jahren angenommen wird, ergibt sich eine erhöhte Priorität und Notwendigkeit für Green HRM.

Momentan ist diese scheinbar nicht gegeben. Mangelnde Aus- und Weiterbildungsmöglichkeiten zum Thema Umweltschutz und Nachhaltigkeit dürften aus diesem Grund in Zukunft als Wachstumsbremse in Erscheinung treten. Schon jetzt führt dieser Umstand dazu, dass Erwartungen der Mitarbeiter an ein Green HRM unerfüllt bleiben und die Motivation leidet. Problematisch ist, dass die Diskrepanz der Erwartungen aufgrund einer unzureichenden vertikalen Kommunikation nicht wahrgenommen und diskutiert werden kann. Hinzu kommt, dass aufgrund erhöhter Transparenz und beschleunigter Kommunikation durch die Entwicklung des Internets, der Widerspruch zwischen nonverbaler Kommunikation und den Zielen des Umweltmanagements schneller publik werden könnte. Die Glaubhaftigkeit sowohl der internen als auch der externen Kommunikation ist demzufolge bedroht.

Als ausgleichend zu den überhöhten Erwartungen wirken die gut funktionierenden Teamwork-Strukturen, die erfolgreich zur Steigerung des Involvements eingesetzt werden und die gut funktionierende Kommunikation innerhalb der Abteilungen. Dem Risiko der fehlenden Partner im Bereich des Umweltschutzes könnte eventuell mit der Stärke der Teamwork-Strukturen begegnet werden, indem externe Partner in bestehende Teams eingebunden werden.

5.1.5 Kommunikative Problemstellung

Neben der SWOT-Analyse, die die Makrosituation des Unternehmens abbildet, sind weitere Untersuchungen auf der Mikroebene durchzuführen. Mit Hilfe von Instrumenten der internen Marktforschung, wie Befragungen, Beobachtungen, Experimente, die Auswertung sekundärer Daten usw., sollten die formellen und möglichst auch die informellen Kommunikationswege innerhalb der Organisation dokumentiert werden.[129]

Indem die momentane Situation des Unternehmens den Anforderungen an die Green HRM-Kommunikation gegenübergestellt wird, werden im anschließenden Schritt aus den gewonnenen Daten die kommunikativen Problemstellungen für den weiteren Einsatz der Green HRM-Kommunikation abgeleitet. Dadurch kann die Frage beantwortet werden, welche Erfolge durch den Einsatz der Green HRM-Kommunikation bereits realisiert wurden und welche Defizite in der bisherigen Arbeit noch bestehen.[130]

Bruhn unterteilt die Problemstellung in harte und weiche Faktoren. Zu ersteren gehören unter anderem die Kommunikationsinfrastruktur, die Gewichtung der Instrumente, die problembezogene und empfängerbezogene Differenzierung der Botschaften und Informationsüberlastung. Zu letzteren zählen Aspekte wie das Organisations- und Kommunikationsklima, die Offenheit der Unternehmenskultur, die Motivation, das Vertrauen usw.[131]

5.2 Zielsetzung

Die Formulierung von Zielen in der Strategieentwicklung für eine Green HRM-Kommunikation geschieht aus zwei Gründen: Zum einen kann eine Erfolgskontrolle erst erfolgen, wenn die Ziele der Green HRM-Kommunikation innerhalb des unternehmerischen Planungsprozesses fixiert und operationalisiert werden. Zum anderen transportiert eine explizite Formulierung der Ziele bereits selbst eine Botschaft und lässt das Thema auf der

---

[129] Vgl. *Bruhn, Manfred,* Unternehmens- und Marketingkommunikation: Handbuch für ein integriertes Kommunikationsmanagement, München (Vahlen) 2. Aufl. 2011, 1177.
[130] Vgl. *Bruhn, Manfred,* Unternehmens- und Marketingkommunikation: Handbuch für ein integriertes Kommunikationsmanagement, München (Vahlen) 2. Aufl. 2011, 1175.
[131] Vgl. *Bruhn, Manfred,* Unternehmens- und Marketingkommunikation: Handbuch für ein integriertes Kommunikationsmanagement, München (Vahlen) 2. Aufl. 2011, 1176.

Prioritäts- und Aufmerksamkeitsskala steigen.[132] Wie in Kapitel 4.2.1 beschrieben, sollten Mitarbeiter bereits hier am Prozess beteiligt werden. Die psychologischen Ziele lassen sich in kognitiv- (die Erkenntnis betreffende), affektiv- (das Gefühl betreffende) und konativ-orientierte (die Handlung betreffende) Ziele unterteilen.

KOGNITIV-ORIENTIERTE ZIELE	AFFEKTIV-ORIENTIERTE ZIELE	KONATIV-ORIENTIERTE ZIELE
• Kenntnis über die Notwendigkeit und Vorteilhaftigkeit von Green HRM	• Motivation für umweltorientiertes Engagement	• Entwicklung eigener Versuche und Lösungen
• Bewusstsein für Umweltauswirkungen der Unternehmenstätigkeiten	• Attraktivität der Arbeitgebermarke	• Beteiligung an umweltverbessernden Aktivitäten
• Umweltrelevante Qualifikationen, Expertise für Umwelt-Themen	• Glaubwürdigkeit	• Vorschlagwesen
	• Gruppendynamik Identifikation mit dem Unternehmen und der Umweltpolitik	• Übernahme von Verantwortung
• Kenntnis über Umweltthemen, die den Arbeitsplatz betreffen	• Übereinstimmung mit Umweltmanagement-Zielen	• Involvement
		• Leistungsbereitschaft
	• Positives Unternehmensimage	• Aktives und offenes Kommunikationsverhalten
• Kenntnis über Aus- und Weiterbildungsmöglichkeiten	• Attraktivität auf dem Personalmarkt	• Kommunikation des Unternehmens und der Marke nach Außen
• Kenntnis der Verantwortlichkeiten		• Weiterempfehlung des Unternehmens als Arbeitgeber
• Kenntnis der Anreize und Sanktionen		• Mitarbeiterbindung
• Kenntnisse der Kommunikations- und Informationssysteme		• Unterstützung von Führungsentscheidungen
• Kenntnis der umweltpolitischen Vision und der Ziele		• Bewerbungen von kompetentem und relevantem Personal

Tabelle 3: Psychologische Zielkategorien der Green HRM-Kommunikation (in Anlehnung an: *Bruhn, Manfred,* Unternehmens- und Marketingkommunikation: Handbuch für ein integriertes Kommunikationsmanagement, München (Vahlen) 2. Aufl. 2011, 1178).

---

[132] Vgl. *Bruhn, Manfred,* Unternehmens- und Marketingkommunikation: Handbuch für ein integriertes Kommunikationsmanagement, München (Vahlen) 2. Aufl. 2011, 1177.

5.3 Zielgruppenplanung

5.3.1 Zielgruppenidentifikation und -beschreibung

Um Streuverluste zu vermeiden und eine effiziente und effektive Kommunikation zu gewährleisten, müssen die Zielgruppen der Green HRM-Kommunikation bestimmt und dementsprechend Ziele, Botschaften und Kanäle zugeordnet werden. Die Einteilung kann nach verschiedenen Kriterien erfolgen:[133]

- Soziodemografische Kriterien: Alter, Bildung, Dauer der Unternehmenszugehörigkeit
- Psychografische Kriterien: Kommunikationsbedürfnisse, Werte, Engagement
- Verhaltensbezogene Kriterien: Leistung, Kommunikationsverhalten, Gruppenverhalten
- Organisationale Kriterien: Hierarchische Position, Kommunikationsverantwortung, Kundenkontakt
- Situationale Kriterien: Persönliche Betroffenheit, Ereignisbezogenheit, Projektzugehörigkeit

5.3.2 Zielgruppenauswahl

Weil finanzielle und personelle Grenzen eine gleichzeitige Kommunikation mit durchgehend hoher Intensität meist nicht erlauben, folgt nach der Identifikation und Beschreibung der Zielgruppen die Zielgruppenauswahl. Hierbei werden die Prioritäten der einzelnen Zielgruppen sowie die Maßnahmen, Medien und der Umfang der Maßnahmen festgelegt.[134]

Im Folgenden werden einige Kriterien vorgestellt, nach denen eine Zielgruppenauswahl geschehen kann. Die endgültige Auswahl erfolgt meist als Mix mehrerer Kriterien, wobei die Herausforderung oft in der Zusammentragung der notwendigen Informationen liegt. Während Kosten sich relativ leicht ermitteln und skalieren lassen, sind Informationen zu Nutzen oder Auswirkungen schwerer zu erfassen und prognostizieren. Sie benötigen Kenntnisse über Wirkungsweisen der Kommunikationsinstrumente, wie zum Beispiel die Auswirkung eines CO_2-Wettbewerbs auf die Mitarbeitermotivation und sollten durch entsprechende

---

[133] Vgl. *Bruhn, Manfred*, Unternehmens- und Marketingkommunikation: Handbuch für ein integriertes Kommunikationsmanagement, München (Vahlen) 2. Aufl. 2011, 1183.

[134] Vgl. *Bruhn, Manfred*, Unternehmens- und Marketingkommunikation: Handbuch für ein integriertes Kommunikationsmanagement, München (Vahlen) 2. Aufl. 2011, 1184-1185.

Indikatoren erfasst werden.[135] In dem genannten Fall wäre es der Grad der Mitarbeitermotivation, der durch kontinuierliche Befragung erhoben werden kann.

Zielbezogener Nutzen

Zunächst hängt die Auswahl der Zielgruppen stark von den gesteckten Zielen und deren Priorisierung ab. Soll so schnell wie möglich eine bereichsübergreifende Expertise im Bereich des Umweltschutzes erreicht werden, muss eine andere Priorisierung vorgenommen werden, als wenn die vertikale Kommunikation verbessert oder die nonverbale Kommunikation glaubwürdiger gestaltet werden soll.

Kommunikations- und Informationsbedürfnisse

Darüber hinaus ist das subjektive Kommunikations- und Informationsbedürfnis der jeweiligen Zielgruppe zu berücksichtigen. Dafür sind die in der internen Marktforschung erhobenen Daten von Bedeutung (vgl. Kapitel 5.1.5). Aus ihnen wird beispielsweise deutlich, ob Mitarbeiter sich über Auswirkungen des Umweltmanagements auf ihren Arbeitsplatz oder über Aus- und Weiterbildungsmaßnahmen eher über das Intranet oder die Mitarbeiter-Zeitschrift informieren, ein persönlichen Gespräch mit dem Vorgesetzten vorziehen oder eine Ansprache der Leitung im Rahmen eines Events erwarten. Auch die besonderen Kommunikations- und Informationsbedürfnisse von potentiellen Bewerbern auf dem Personalmarkt sollten hierbei berücksichtigt werden.

Betroffenheit

Speziell bei negativen Auswirkungen oder im Krisenfall sollte die Priorisierung der Zielgruppen nach der Betroffenheit erfolgen. Aber auch im Normalbetrieb können Informationen eine unterschiedlich hohe Relevanz für Zielgruppen besitzen. Zeitpunkt, Umfang und verwendetes Medium müssen daran angepasst werden.[136] Das gilt für die Green HRM-Kommunikation beispielsweise bei der Einführung eines neuen (umweltfreundlichen) Produkts, einer Umweltoffensive, einer grünen Marketingkampagne, einer Pressemitteilung zu

---

[135] Vgl. *Bruhn, Manfred,* Unternehmens- und Marketingkommunikation: Handbuch für ein integriertes Kommunikationsmanagement, München (Vahlen) 2. Aufl. 2011, 1186.

[136] Vgl. *Bruhn, Manfred,* Unternehmens- und Marketingkommunikation: Handbuch für ein integriertes Kommunikationsmanagement, München (Vahlen) 2. Aufl. 2011, 1185.

einem umweltrelevanten Vorfall, der Restrukturierung von Arbeitsplätzen oder der Veranstaltung eines Umwelt-Events.

Relative Bedeutung der Zielgruppe

Bei der Frage nach der relativen Bedeutung der Zielgruppe, geht es darum, herauszufinden, wie „lohnenswert" die Ansprache einer bestimmten Zielgruppe im Vergleich zu einer anderen ist.[137] Eine Gruppe, die besonders wichtig für das Erreichen von Umweltmanagement-Zielen ist, sollte demnach priorisiert werden. Das kann zum Beispiel für Mitarbeiter mit direktem Kundenkontakt, in der Forschungs- und Entwicklungsarbeit oder im Management gelten.

5. 4 Strategie der Green HRM-Kommunikation

5.4.1 Strategische Prinzipien

Weil nicht alle Eventualitäten einer Green HRM-Kommunikation im Vorfeld bedacht werden können, ist es wichtig, einige situationsunabhängige Grundsätze fest zu legen, die langfristig gültig sind. Sie gelten unabhängig von der einzelnen Situation, den Zielen oder der gewählten Strategie und gewähren insbesondere den Führungskräften ein gewisses Maß an Flexibilität bei der Bewältigung der kommunikativen Tagesaufgaben.[138] Dabei geht es darum, eine Kommunikationskultur zu etablieren, die die Mitarbeiterbindung und das Vertrauen stärkt und gerade in Krisensituationen ein wertvolles Kapital für alle Unternehmensmitglieder darstellt.

Prinzip der Einbindung

Wie in Kapitel 4.2.1 beschrieben, ist die Einbeziehung der Mitarbeiter in die Gestaltung des Umweltmanagements ein Schlüsselfaktor für den Erfolg von Green HRM. Das gleiche gilt für die Kommunikationsprozesse, die im Rahmen des Green HRM stattfinden. Indem Mitarbeiter aktiv in das kommunikative Netzwerk der Green HRM-Kommunikation und dessen Entwicklung einbezogen werden, werden Motivation, Identifikation mit dem Unternehmen und

---

[137] Vgl. *Bruhn, Manfred,* Unternehmens- und Marketingkommunikation: Handbuch für ein integriertes Kommunikationsmanagement, München (Vahlen) 2. Aufl. 2011, 1185-1186.

[138] Vgl. *Bruhn, Manfred,* Unternehmens- und Marketingkommunikation: Handbuch für ein integriertes Kommunikationsmanagement, München (Vahlen) 2. Aufl. 2011, 1186.

Akzeptanz für unternehmerische Entscheidungen gefördert.[139] Gelegenheiten für die Einbindung in die Green HRM-Kommunikation sind beispielsweise Mitarbeiterbeiträge zu selbstentwickelten Umweltinnovationen in den internen Medien wie Mitarbeiterzeitung, TV, Radio, Intranet sowie Mitarbeiter-Blogs oder Möglichkeiten des direkten Feedbacks zu Management-Entscheidungen.

Prinzip der Nachhaltigkeit

Auch hier gilt das Prinzip der Glaubwürdigkeit: Sollen Umweltmanagement-Ziele authentisch kommuniziert werden, müssen konsequentermaßen auch die Kommunikationsstrukturen und -prozesse nachhaltig gestaltet werden. Das beginnt beim klimaneutralen Druck des Printmaterials, dem sparsamen Einsatz von Ressourcen wie Papier, Strom, Kraftstoff etc. und reicht bis zur Umweltbilanz-Analyse von Zulieferern, Events und unternehmenseigener Infrastruktur.

Prinzip der Frühzeitigkeit

Um das Vertrauen und Commitment der Mitarbeiter nicht zu verlieren, sollten wichtige Informationen frühzeitig kommuniziert werden. Insbesondere sollte vermieden werden, dass Mitarbeiter Informationen, die sie betreffen, über Umwege durch externe Medien oder Gerüchte erhalten.[140]

Prinzip der Vollständigkeit

Werden Mitarbeiter als Botschafter der Unternehmensmarke und eines umweltfreundlichen Selbstbildes verstanden, ist es wichtig, sie umfassend über das Unternehmen und unternehmerische Zusammenhänge zu informieren. Gerade in Unternehmen mit einer großen Belegschaft summiert sich die Zahl der potentiellen Multiplikatoren schnell und kann dadurch eine Chance oder ein Risiko für die Außenkommunikation darstellen.[141]

---

[139] Vgl. *Wunderer, Rolf/Mittmann, Josef,* Identifikationspolitik: Einbindung des Mitarbeiters in den unternehmerischen Wertschöpfungsprozess, Stuttgart (Schäffer-Poeschel) 1995, 169.
[140] Vgl. *Bruhn, Manfred,* Unternehmens- und Marketingkommunikation: Handbuch für ein integriertes Kommunikationsmanagement, München (Vahlen) 2. Aufl. 2011, 1187.
[141] Vgl. *Bruhn, Manfred,* Unternehmens- und Marketingkommunikation: Handbuch für ein integriertes Kommunikationsmanagement, München (Vahlen) 2. Aufl. 2011, 1187.

Prinzip der Offenheit

Auch wenn es nicht möglich ist, Mitarbeiter in alle Prozesse eines Unternehmens mit einzubeziehen, sollte das Management dem Personal (negative) Sachverhalte, von dem es direkt betroffen ist, nicht verschweigen.[142] Selten geht eine Strategie der Geheimhaltung auf und langfristig wird durch eine offene und ehrliche Kommunikation der Unternehmensführung mehr erreicht – auch weil sie Vorbildcharakter hat und die Unternehmenskultur prägt. So weisen Rundstedt und Partner darauf hin, dass zwei Drittel der Arbeitnehmer in Deutschland kontinuierliche Informationen über die aktuelle wirtschaftliche Lage des Unternehmens und Zukunftspläne hinsichtlich eines möglichen Personalabbaus von ihrem Führungspersonal erwarten.[143]

Prinzip der Wahrheit

Der Vorbildcharakter für die Unternehmenskultur sowie die Auswirkungen auf die Glaubwürdigkeit der Kommunikation und das Commitment der Mitarbeiter gelten genauso für das Prinzip der Wahrheit: Erwartet ein Unternehmen Wahrheit, Ehrlichkeit und Loyalität von seinen Mitarbeitern, sollte es dafür sorgen, dass diese Werte auch von allen Führungsebenen vorgelebt und praktiziert werden.[144]

Prinzip des Vertrauens

Misstrauen sich Management und Mitarbeiter (gegenseitig), können nur suboptimale Ergebnisse erzielt werden, grundsätzlich sollte also ein gegenseitiges Vertrauen vorherrschen. Wenn trotzdem Vorbehalte vorliegen, Mitarbeiter stärker kommunikativ einzubinden, sollte geprüft werden, ob es an der Eignung der Mitarbeiter liegt oder ob das Management entsprechenden Entwicklungsbedarf aufweist.[145]

---

[142] Vgl. *Bruhn, Manfred,* Unternehmens- und Marketingkommunikation: Handbuch für ein integriertes Kommunikationsmanagement, München (Vahlen) 2. Aufl. 2011, 1187.

[143] Vgl. *Rundstedt und Partner GmbH,* Mitarbeiter erwarten eine klare Kommunikation in der Krise, http://www.rundstedt.de/clients/rundstedt/rundstedtcms_new.nsf/id/DE_Mitarbeiter_erwarten_Kommunikation, abgerufen am 23.12.2012., 2009.

[144] Vgl. *Bruhn, Manfred,* Unternehmens- und Marketingkommunikation: Handbuch für ein integriertes Kommunikationsmanagement, München (Vahlen) 2. Aufl. 2011, 1187-1188.

[145] Vgl. *Bruhn, Manfred,* Unternehmens- und Marketingkommunikation: Handbuch für ein integriertes Kommunikationsmanagement, München (Vahlen) 2. Aufl. 2011, 1188.

5.4.2 Strategieelemente

Anforderungen

Bei der Formulierung der Strategieelemente geht es zum einen darum, durch die Bereitstellung der nötigen Information und Kommunikation, eine effiziente Aufgabenerfüllung zu ermöglichen, subjektive Informations- und Kommunikationsbedürfnisse zu erfüllen und gleichzeitig einer Informationsüberflutung vorzubeugen. Strategiealternativen für einzelne Zielgruppen, die im Blick haben, dass nicht jede Gruppe den gleichen Informationsumfang benötigt (vgl. Kapitel 5.3), sorgen dafür, dass es nicht zu Überlastungserscheinungen kommt.[146]

In diesem Prozess sind einige formale und inhaltliche Anforderungen zu beachten. Zu den formalen Anforderungen zählen die schriftliche Fixierung (um die Vermittlung zu erleichtern und das Commitment zum Ausdruck zu bringen), die Zugänglichkeit (die Strategie ist umfassend zu kommunizieren – also nicht nur auf der Managementebene) und die Prägnanz (konkrete und exakte Anweisungen, anstelle bloßer Willenserklärungen).[147] Zu den inhaltlichen Anforderungen gehören Zielorientierung (die in Kapitel 5.2 erarbeiteten Ziele müssen enthalten sein und weiter konkretisiert werden), Zielgruppenorientierung (vgl. Kapitel 5.3) und Medienorientierung (Grobkonzeption der Kommunikationsinfrastruktur, also welche Medien grundsätzlich einzusetzen sind).[148] Jeder Schritt eines Strategiekonzeptes sollte darüber hinaus hinsichtlich der Dimensionen Zeit, Botschaften und Medien differenziert werden.[149] Im Folgenden werden sechs Elemente vorgestellt, die die vorangegangenen Arbeitsschritte zusammenfassen und nach denen sich die Entwicklung einer Green HRM-Kommunikationsstrategie orientieren kann.

---

[146] Vgl. *Bruhn, Manfred,* Unternehmens- und Marketingkommunikation: Handbuch für ein integriertes Kommunikationsmanagement, München (Vahlen) 2. Aufl. 2011, 1189.

[147] Vgl. *Bruhn, Manfred,* Unternehmens- und Marketingkommunikation: Handbuch für ein integriertes Kommunikationsmanagement, München (Vahlen) 2. Aufl. 2011, 1188-1189.

[148] Vgl. *Bruhn, Manfred,* Unternehmens- und Marketingkommunikation: Handbuch für ein integriertes Kommunikationsmanagement, München (Vahlen) 2. Aufl. 2011, 1188.

[149] Vgl. *Bruhn, Manfred,* Unternehmens- und Marketingkommunikation: Handbuch für ein integriertes Kommunikationsmanagement, München (Vahlen) 2. Aufl. 2011, 1189.

Objekt der Green HRM-Kommunikation

Zunächst wird festgelegt, wer als (Ab-)Sender der Botschaften in Erscheinung tritt. Dabei kann es sich um ein Individuum (Führungskraft, Mitarbeiter des Umweltmanagements), eine Gruppe (eine Abteilung, ein Umwelt-Team) oder eine Organisation (einen Geschäftsbereich, bei der Umsetzung von Umweltmanagement-Zielen behilflicher, externer Dienstleister, Tochtergesellschaft etc.) handeln. Der Sender initiiert den Kommunikationsprozess, kann sich jedoch in einer dialogorientierten Strategie auch zum Empfänger von Botschaften entwickeln oder im Kommunikationsverlauf ändern.[150]

Zielgruppen der Green HRM-Kommunikation

An dieser Stelle sind die Ergebnisse aus Kapitel 5.3 in die Strategieformulierung zu integrieren.

Botschaft der Green HRM-Kommunikation

Ausgehend von den Zielen, deren Bestimmung in Kapitel 5.2 besprochen wurde und den zu erreichenden Zielgruppen werden die Botschaften bestimmt, die transportiert werden sollen. An erster Stelle stehen dabei nicht-fakultative Aufgaben, also aufgrund von gesetzlichen und vertraglichen Bestimmungen anfallende Informationspflichten. Dazu gehören Umweltauflagen, freiwillige Vereinbarungen und Selbstverpflichtungen[151] sowie Mitbestimmungs- und Betriebsverfassungsgesetze.[152] Über die nicht-fakultativen Aufgaben hinaus erstrecken sich die Kommunikationsbereiche auf einem Themenkontinuum, das von Themen auf der Makroebene bis zu Themen auf der Mikroebene reicht und dabei unterschiedliche Grade an Betroffenheit umfasst (vgl. Abbildung 6).

---

[150] Vgl. *Bruhn, Manfred,* Unternehmens- und Marketingkommunikation: Handbuch für ein integriertes Kommunikationsmanagement, München (Vahlen) 2. Aufl. 2011, 1190.
[151] Vgl. *Blättel-Mink, Birgit,* Wirtschaft und Umweltschutz: Grenzen der Integration von Ökonomie und Ökologie, Frankfurt/Main (Campus) 2001, 269.
[152] Vgl. *Noll, Nathalie,* Gestaltungsperspektiven Interner Kommunikation, Wiesbaden (Gabler) 1996, 59.

Makroprobleme mit indirekt persönlichem Bezug	Staatlich-rechtliche Fragen
	Sozio-kulturelle Fragen
	Gesamtwirtschaftliche Fragen
	Branchenfragen
	Gesamtunternehmens-/Konzernfragen
	Standortfragen
	Abteilungs-/Teamfragen
Mikroprobleme mit direkt persönlichem Bezug	Arbeitsplatzfragen
	Persönliche Fragen

Abbildung 6: Bezugsrahmen für Inhalte der Mitarbeiterkommunikation (in Anlehnung an *Bruhn, Manfred*, Unternehmens- und Marketingkommunikation: Handbuch für ein integriertes Kommunikationsmanagement, München (Vahlen) 2. Aufl. 2011, 1191).

Maßnahmen der Green HRM-Kommunikation

In diesem Schritt wird die Auswahl der verwendeten Medien festgelegt. Die Herausforderung besteht darin, innerhalb der verfügbaren Technologien und der im Unternehmen vorhandenen Kommunikationsinfrastruktur, die Gestaltungsspielräume der Medienwahl und des Medienmix möglichst effizient und der Kommunikationsaufgabe entsprechend zu nutzen.[153] Gerade bei dem abstrakten Thema Umweltschutz und Nachhaltigkeit sollte hierbei ein möglichst facettenreiches Spektrum an Medien und Kommunikationsformen genutzt werden, um die Umweltmanagement-Ziele möglichst umfassend umsetzen zu können. Um innovative Maßnahmen zu entwickeln, ist der Einsatz von Kreativitätstechniken wie Brainstorming, Osborn-Checkliste, Mind-Mapping, Progressive Abstraktion, Morphologischer Kasten, Methode 635, 6-Hüte-Denken und Reizwortanalyse hilfreich.[154]

Timing der Green HRM-Kommunikation

Die Festlegung von zeitlichen Dimensionen innerhalb einer Green HRM-Kommunikation erfolgt in zweifacher Hinsicht: Zum einen im Hinblick auf den Zeitpunkt einzelner Aktivitäten und zum anderen auf die Abfolge der gesteuerten Prozesse gegenüber den einzelnen Ziel-

---

[153] Vgl. *Bruhn, Manfred*, Unternehmens- und Marketingkommunikation: Handbuch für ein integriertes Kommunikationsmanagement, München (Vahlen) 2. Aufl. 2011, 1193.
[154] Vgl. *Backerra, Hendrik/Malorny, Christian/Schwarz, Wolfgang*, Kreativitätstechniken, München u.a. (Hanser) 3. Aufl. 2007.

gruppen.[155] Wichtig ist, dass die die innere Kommunikation mit den unternehmensangehörigen Mitarbeitern der externen vorgelagert wird. Ein periodischer Informationsstrom gewährleistet dabei eine regelmäßige und umfassende Information der Mitarbeiter.

5.4.3 Strategietypen

Informationsstrategie

Das Ziel einer Informationsstrategie ist die Vermittlung von umfassenden Informationen an die Mitarbeiter. Zum Einsatz kommen hier hauptsächlich Medien der Top-Down-Kommunikation wie Mitarbeiterzeitschriften, Newsletter, E-Mail, Intranet, Business-TV usw. an.[156] Zur Realisierung von Green HRM bietet sich eine reine Informationsstrategie nur begrenzt an. Sie kann aber unter Umständen als Teil einer übergreifenden Strategie zum Einsatz kommen. Dies wäre z.B. in der Anfangsphase zur Vermittlung der Notwendigkeit und Vorteilhaftigkeit von betrieblichem Umweltengagement sinnvoll oder bei der Vermittlung von nicht-fakultativen Inhalten

Dialogstrategie

Bei der Dialogstrategie soll eine kontinuierliche Interaktion des Managements mit der Zielgruppe initiiert und gefördert werden. Die Absicht besteht darin, Distanz zwischen Management und Mitarbeitern abzubauen, das Engagement zu erhöhen und Mitarbeiter zu Meinungsäußerungen wie Verbesserungsvorschlägen und Kritik zu motivieren. Folglich sind hier Medien zu wählen, die eine zweiseitige Kommunikation ermöglichen, wie Medien der Aufwärtskommunikation und interaktive Medien.[157] Gerade im Prozess der Ziel- und Strategieformulierung für Green HRM und auch später in der Umsetzung und bei der Einbindung von Mitarbeitern in Problemlösungsphasen spielen Dialog-Strukturen wie in Kapitel 4.2 eine entscheidende Rolle und sollten fester Bestandteil einer Green HRM-Kommunikationsstrategie sein.

---

[155] Vgl. Vgl. *Bruhn, Manfred,* Unternehmens- und Marketingkommunikation: Handbuch für ein integriertes Kommunikationsmanagement, München (Vahlen) 2. Aufl. 2011, 1195.

[156] Vgl. Vgl. *Bruhn, Manfred,* Unternehmens- und Marketingkommunikation: Handbuch für ein integriertes Kommunikationsmanagement, München (Vahlen) 2. Aufl. 2011, 1196.

[157] Vgl. *Bruhn, Manfred,* Unternehmens- und Marketingkommunikation: Handbuch für ein integriertes Kommunikationsmanagement, München (Vahlen) 2. Aufl. 2011, 1196.

Change-Strategie

Der Schwerpunkt einer Change-Strategie liegt in der Aufklärung der Mitarbeiter über langfristig geplante oder plötzliche Veränderungen. Auch hier spielen die Einbeziehung und die Mitwirkung der Mitarbeiter eine wichtige Rolle. Durch miteinander verzahnte Maßnahmen wie Events, Mitarbeiterversammlungen, Informationsformen oder Workshops sollen Strukturen und Prozesse auf allen Hierarchieebenen verbessert werden.[158] Je nachdem, welche Rolle der Umweltschutz in einem Unternehmen gespielt hat, und in Abhängigkeit von den eingesetzten Ressourcen und der Priorität, die dem Umweltschutz in Zukunft eingeräumt wird, fallen die Veränderungen, die sich mit der Einführung eines Green HRM ergeben, vergleichsweise umfangreich aus. Aus diesem Grund beschreibt die Change-Strategie am ehesten die Charakteristik einer Green HRM-Kommunikationsstrategie. Wichtig ist dabei jedoch, dass ein großer Teil der Veränderungsprozesse nicht als gegeben kommuniziert, sondern in Zusammenarbeit mit der Mitarbeiterschaft entwickelt wird.

5.5 Budgetierung

Bevor die Maßnahmen einer Green HRM-Kommunikation durchgeführt werden können, muss zunächst die Höhe des für die Umsetzung zur Verfügung stehenden Budgets bestimmt werden. Im nächsten Schritt werden die entstehenden Gesamtkosten kalkuliert und das zur Verfügung stehende Budget aufgestellt und verteilt. Dabei kann zwischen Kosten für Kommunikationsinfrastruktur und Kosten für Personalakquisition und -entwicklung unterschieden werden.

Zu den Kosten der Kommunikationsinfrastruktur zählen Personalkosten (z.B. Planstellen im Bereich des Umweltmanagements oder der Personalabteilung, die für die Green HRM-Kommunikation zuständig sind), zentrale Hard- und Software (z.B. Computer, Server, Vernetzung, Software) und dezentrale Hard- und Software (z.B. Computer-Aufrüstung, E-Mail-Software, Netzanschlüsse) usw. Für die Personalakquisition und -entwicklung fallen Kosten in den Bereichen Personalakquisition (z.B. Ansprache und Auswahl kommunikationsorientierter Mitarbeiter), Weiterbildung und Schulung von Führungskräften (z.B. Moderatorentraining)

---

[158] Vgl. *Bruhn, Manfred,* Unternehmens- und Marketingkommunikation: Handbuch für ein integriertes Kommunikationsmanagement, München (Vahlen) 2. Aufl. 2011, 1196.

sowie Weiterbildung und Schulung von Mitarbeitern (z.B. Kommunikationstraining, Erlernen von Kreativitätstechniken oder der Nutzung neuen Medien) usw. an.[159]

Neben diesen einmaligen Aufwendungen müssen Budgetvorgaben genauso für periodische und aperiodische Folgekosten ermittelt werden. Dazu gehören Kosten für die Planung und Steuerung der Green HRM-Kommunikation, Sicherung der Informationsbasis (z.B. periodisch-interne Marktforschung mit Personal- und Sachkosten), Aktualisierung der Kommunikationsinfrastruktur (Auf- und Ausbau von Kommunikationsinstrumenten, Schulungskosten für Mitarbeiter) sowie Mediennutzung und Medienproduktion (z.B. laufende Redaktions- und Druckkosten, Unterhalt von Kommunikationsnetzwerken) usw.[160]

5.6 Maßnahmenplanung

5.6.1 Systematisierung der Maßnahmen

Die Maßnahmen der Green HRM-Kommunikation lassen sich, wie in Tabelle 4 dargestellt, nach verschiedenen Gesichtspunkten systematisieren:

Form:	Schriftlich	Mündlich	
Sender-Empfänger-Kontakt:	Direkt	Indirekt	
Mediennutzung:	Face to Face	Mediengestützt	
Periodizität:	Regelmäßig	Unregelmäßig	
Verfügbarkeit:	Kontinuierlich	Diskret	
Kommunikationsorientierung:	Einweginformation	Dialogkommunikation	
Inhalt:	Aufgabenorientiert	Kontextorientiert	
Botschaftsfluss (initial):	Abwärts	Aufwärts	Seitwärts
Kommunikationswirkung:	Innengerichtet	Innengerichtet mit Außenwirkung	Außengerichtet mit Innenwirkung
Empfänger:	Einzelperson	Personengruppe	Gesamtbelegschaft
Zielgruppenspezifität:	Individual-orientiert	Gruppenorientiert	Unspezifiziert

---

[159] Vgl. *Bruhn, Manfred,* Unternehmens- und Marketingkommunikation: Handbuch für ein integriertes Kommunikationsmanagement, München (Vahlen) 2. Aufl. 2011, 1201.

[160] Vgl. *Bruhn, Manfred,* Unternehmens- und Marketingkommunikation: Handbuch für ein integriertes Kommunikationsmanagement, München (Vahlen) 2. Aufl. 2011, 1202.

Tabelle 4 (vorige Seite): Kriterien zur Systematisierung von Maßnahmen der Green HRM-Kommunikation (in Anlehnung an: *Bruhn, Manfred*, Unternehmens- und Marketingkommunikation: Handbuch für ein integriertes Kommunikationsmanagement, München (Vahlen) 2. Aufl. 2011, 1203).

5.6.2 Einzelmaßnahmen

Medien der Green HRM-Abwärtskommunikation

Mitarbeiterzeitschrift: Die Mitarbeiter- oder Werkszeitschrift gehört zu den ältesten und meistgenutzten Medien der Mitarbeiterkommunikation.[161] Auch wenn das Intranet mittlerweile den Rang als wichtigstes Kommunikationsmedium übernommen hat,[162] setzten 2008 über 90 % der Unternehmen mit mehr als 500 Mitarbeitern ein gedrucktes Kommunikationsmittel für die interne Kommunikation ein.[163] Aus der Perspektive einer Green HRM-Kommunikation besteht die Aufgabe einer Mitarbeiterzeitschrift hauptsächlich in der Vermittlung von langfristigen Umweltmanagement-Zielen und -Maßnahmen und soll den Mitarbeitern einen Gesamtüberblick über das umweltpolitische Engagement sowie die Entwicklungen und Zukunftsperspektiven des Unternehmens geben. Darüber hinaus ist sie ein wichtiges Instrument für die Bildung und Pflege eines umweltorientierten Images gegenüber Kunden, Lieferanten und auf dem Personalmarkt.[164]

Medienspezifische Vorteile der Mitarbeiterzeitschrift ergeben sich zum einen durch die Möglichkeit, umfassende Texte abdrucken zu können. Insbesondere können auf diese Weise komplexe und diskursbehaftete Themen des Umweltmanagements kommuniziert werden. Zum anderen ergeben sie sich durch die guten Rezeptionsmöglichkeiten des Mediums, da die gedruckten Zeitschriften überall, auch unterwegs, lesbar sind. Einen Nachteil stellt die monatliche oder quartalsweise Erscheinungsweise dar, die eine Diskussion oder eine schnelle Reaktion auf aktuelle Ereignisse erschwert. Auch für die Kommunikation von sensiblen oder kritischen Themen ist die Mitarbeiterzeitschrift weniger geeignet, da der breite Leser-

---

[161] Vgl. *Kleinjohann, Michael*, Corporate Publishing: Mitarbeiterzeitschrift, in: *Lies, Jan* (Hrsg.), Public Relations: Ein Handbuch, Konstanz (UVK) 2008, 73-78, 73

[162] Vgl. *Brenneisen, Malte/Medienfabrik Gütersloh GmbH*, Interne Kommunikation im digitalen Zeitalter: CP 2.0 Band 2, Bielefeld (FHM) 2009, 9.

[163] Vgl. *Erler, Ulrich*, Mitarbeiterzeitschriften: Klassiker interner Kommunikation, http://www.frankfurt-main.ihk.de/existenzgruendung/branchen/informationswirtschaft/mitarbeiterzeitschrift/, abgerufen am 25.01.2013, 2008.

[164] Vgl. *Bruhn, Manfred*, Unternehmens- und Marketingkommunikation: Handbuch für ein integriertes Kommunikationsmanagement, München (Vahlen) 2. Aufl. 2011, 1206.

kreis schwer kontrollierbar ist.[165] Tabelle 5 liefert einige Beispiele für Funktionen, die die Mitarbeiterzeitschrift für Green HRM abdecken kann:

Funktionen der Mitarbeiterzeitschrift für Green HRM aus Rezipientensicht	
Information:	z.B. Wissen zu umweltpolitischen Hintergründen sowie Betriebsaufbau und -abläufen vermitteln
Orientierung und Transparenz:	z.B. umweltpolitische Vision kommunizieren, Umweltmanagementziele und -Maßnahmen erklären und definieren, Komplexität reduzieren
Integration:	z.B. Gemeinschaftsgefühl und soziale Nähe herstellen, Anonymität und Trennung zwischen Abteilungen reduzieren
Führung:	z.B. Anweisungen, Aufgaben und Handlungsanleitungen zu neuen Umweltpraktiken definieren
Motivation:	z.B. Umwelterfolge würdigen, Teams oder Mitarbeiter auszeichnen
Forum und Dialog:	z.B. Lösungen zu Umweltproblem diskutieren, Meinungen darstellen
Involvement:	z.B. umweltverbessernde Aktivitäten vorstellen, Offenheit für neue Umweltideen beweisen, Mitarbeiter ermutigen, Versuche und Lösungen für Umweltprobleme zu entwickeln
Unterhaltung:	z.B. Unterhaltende Auseinandersetzung mit dem Unternehmen und dem Thema Umweltschutz
Marketing und PR:	z.B. Einbindung der Mitarbeiter in grüne Werbemaßnahmen, Nutzung als Experten und Multiplikatoren

Tabelle 5: Funktionen der Mitarbeiterzeitschrift für Green HRM (in Anlehnung an: Cauers, Christian, Mitarbeiterzeitschrift heute: Flaschenpost oder strategisches Medium?, Wiesbaden (VS) 2005, 66).

<u>Mitarbeiterbroschüren</u>: Mitarbeiterbroschüren erscheinen nicht periodisch, sondern fallbezogen und behandeln entweder einzelne, arbeitsbezogene Themen (z.B. Maßnahmen zur Einsparung von Ressourcen), Ereignisse (z.B. Umweltevents) oder gesellschaftsrelevante Fragen (z.B. Dringlichkeit von Umwelt- und Klimaschutz). Zu beachten sind die relativ hohen Kosten, die als kontraproduktiv wahrgenommen werden könnten, wenn an anderen Stellen Einsparungen vorgenommen werden.[166]

---

[165] Vgl. *Hubbard, Monika*, Markenführung von innen nach außen: Zur Rolle der Internen Kommunikation als Werttreiber für Marken, Wiesbaden (VS) 2004, 81.

[166] Vgl. *Bruhn, Manfred*, Unternehmens- und Marketingkommunikation: Handbuch für ein integriertes Kommunikationsmanagement, München (Vahlen) 2. Aufl. 2011, 1209.

Audiovisuelle Kommunikation: Weil die Informationsaufnahme im Rahmen multimedialer Systeme einen höheren Lernerfolg bietet als klassische Medien der internen Kommunikation, ist die Nutzung von multimedialer Kommunikation durch Video- und Audiotechnik, DVDs oder CD-ROM-Anwendungen in vielen Unternehmen etabliert. Dabei können sowohl audiovisuelle Massenkommunikation (über Filme oder DVDs) als auch eine selbstgesteuerte, individuelle Weiterbildung am eigenen Computer (mittels Multimedia-Anwendung) realisiert werden.

Unternehmenseigenes Fernsehen: Beim unternehmenseigenen Fernsehen wird per Satellit, Kabel oder IPTV ein selbstproduziertes Programm an Empfangsstationen gesendet und auf Fernsehern oder Computern ausgestrahlt. So können hierarchieübergreifend und unmittelbar sowohl Mitarbeiter vor Ort als auch Außendienststellen und Filialen erreicht werden. Durch die gleichzeitige Übertragung von Bildern und Sprache können Zielgruppen auch emotional angesprochen werden. Die Glaubwürdigkeit der Unternehmenskommunikation kann durch authentische Informationen der Unternehmensführung unterstützt sowie die Corporate Identity und das Zusammengehörigkeitsgefühl gestärkt werden.[167] Anwendungsmöglichkeiten, die sich für Green HRM ergeben sind:

- Übermittlung von Informationen zur alltäglichen Arbeit, die im Rahmen des Umweltmanagements benötigt werden: Veränderungen, Handlungsanweisungen, Abläufe, Anreize und Sanktionen, Verantwortlichkeiten, getroffene Entscheidungen etc.
- Übertragung von Events, Vorträgen, Seminaren, Umwelttagungen, Messen, Pressekonferenzen, Briefings für Events, politischen und kulturellen Ereignissen, die sich mit dem Umweltschutz beschäftigen usw.
- Präsentationen von neuen, umweltschonenden Produkten oder Techniken im Rahmen der Marketing- und Vertriebsinformation, Vorstellung von umweltverbessernden Aktivitäten und erzielten Erfolgen, Auszeichnung für erreichte Leistungen oder besonders kreative Lösungen
- Einsatz zur umweltspezifischen Aus- und Weiterbildung der Mitarbeiter, insbesondere in Verbindung mit weiteren Medien wie dem Intranet. Und zwar sowohl für die spezifische

---

[167] Vgl. *Bruhn, Manfred,* Unternehmens- und Marketingkommunikation: Handbuch für ein integriertes Kommunikationsmanagement, München (Vahlen) 2. Aufl. 2011, 1216.

Vermittlung von umweltrelevanten Qualifikationen als auch allgemeiner für die Vermittlung von Werten, Verantwortungen und der langfristigen Notwendigkeit von Umweltschutz

<u>Unternehmensspezifische Theaterstücke</u>: Unternehmensspezifische Theaterstücke eignen sich dazu, vorgefundene Problemsituationen im Unternehmen durch eine szenische Aufbereitung einer relativ großen Zahl an Mitarbeitern auf unterhaltsame Weise zu vermitteln. Ohne den Zeigefinger zu erheben, können Konflikte, verkrustete Haltungen oder Routinen sichtbar gemacht und eine Diskussion darüber angeregt werden.[168] Für die Green HRM-Kommunikation eignen sich unternehmensspezifische Theaterstücke – zum Beispiel im Rahmen eines Events – vor allem, um Mitarbeiter für Umweltproblematiken zu sensibilisieren und ein Umdenken anzustoßen.

<u>Weitere Instrumente</u>: Zusätzlich zu den erwähnten Kommunikationsinstrumenten sind außerdem Rundschreiben, schwarzes Brett, E-Mail und Newsletter zu nennen, die hier aber aus Platzgründen nicht weiter ausgeführt werden sollen. Innerhalb einer traditionellen Mitarbeiterkommunikation werden auch das Intranet und Mitarbeiterportale – als personalisierte Form des Intranets – der Abwärtskommunikation zugerechnet. Aufgrund des hohen Interaktionspotenzials, das den Anforderungen an eine Green HRM-Kommunikation entgegenkommt, werden diese Instrumente im übernächsten Abschnitt unter dem Begriff *Soziales Intranet* vorgestellt.

Medien der Green HRM-Aufwärtskommunikation

<u>Mitarbeiterbefragungen</u>: Durch die regelmäßige Erhebung der Mitarbeiterbedürfnisse, -kenntnisse und -einstellungen können wichtige Hinweise auf Problem- und Wachstumsbereiche innerhalb und außerhalb des Unternehmens gewonnen werden. Zu den wichtigsten Funktionen, die die Mitarbeiterbefragung für Green HRM erzielen kann, gehört:[169]

- Beteiligung der Mitarbeiter an Entscheidungen im Rahmen des Umweltmanagements in den Schritten der Analyse, Ziel- und Strategieentwicklung sowie Optimierung

---

[168] Vgl. *Bruhn, Manfred,* Unternehmens- und Marketingkommunikation: Handbuch für ein integriertes Kommunikationsmanagement, München (Vahlen) 2. Aufl. 2011, 1217.

[169] Vgl. Vgl. *Bruhn, Manfred,* Unternehmens- und Marketingkommunikation: Handbuch für ein integriertes Kommunikationsmanagement, München (Vahlen) 2. Aufl. 2011, 1219-1220.

- Sicherstellung des zielgruppengerechten Einsatzes der Green HRM-Kommunikation
- Frühzeitige Lokalisierung möglicher Probleme
- Überprüfung der Akzeptanz geplanter Änderungen vorab sowie des Erfolgs bereits eingeführter Maßnahmen
- Darstellung des Grades an Involvement, Kompetenz und Motivation und die Möglichkeit entsprechend darauf zu reagieren
- Distanzabbau zwischen den Hierarchien, Initiierung und Aufrechterhaltung des Dialogs zwischen den Mitarbeitern

Gerade für Entwicklungs- und Abstimmungsprozesse, die im Rahmen eines Green HRM anfallen, können Befragungen ein adäquates Mittel sein, um Mitarbeiter in den gesamten Prozess mit einzubeziehen und eine partizipative Mitarbeiterkommunikation zu etablieren. Wichtig ist dabei jedoch, dass die Meinungen der Mitarbeiter auch tatsächlich bei Entscheidungen berücksichtig wird und als Anlass dafür genommen wird, Veränderungen herbeizurufen. Befragungen werden von Mitarbeitern nur dann unterstützt, wenn sie den Eindruck haben, dass ihre Meinung auch relevant ist und Berücksichtigung in der Gestaltung von Green HRM findet. Hat ein (negatives) Feedback keine Konsequenzen, führt das zu einem Vertrauensverlust gegenüber den Initiatoren der Befragung und zu Frustration, Demotivation und Resignation.[170] Auch formelle Anforderungen an eine Mitarbeiterbefragung wie die Darstellung der angestrebten Ziele, die Zusicherung und Wahrung von Anonymität und die Abstimmung mit der Mitarbeitervertretung sind zu beachten.[171]

<u>Betriebliches Vorschlagwesen</u>: Wie in Kapitel 4.2 beschrieben, besitzen Mitarbeiter aufgrund ihrer Nähe zu den verursachenden Prozessen die besten Voraussetzungen, um Abfall und Umweltverschmutzung in Unternehmensprozessen zu identifizieren und zu reduzieren. Sie sollten aus diesem Grund aktiv in die Entwicklung von umweltverbessernden Maßnahmen eingebunden werden. Eine Möglichkeit dieser Einbindung ist das betriebliche Vorschlagwesen, das Mitarbeitern ermöglicht, Ideen und Lösungen einzureichen. Um die Effektivität zu

---

[170] Vgl. *Noll, Nathalie*, Gestaltungsperspektiven Interner Kommunikation, Wiesbaden (Gabler) 1996, 229
[171] Vgl. *Bruhn, Manfred*, Unternehmens- und Marketingkommunikation: Handbuch für ein integriertes Kommunikationsmanagement, München (Vahlen) 2. Aufl. 2011, 1221.

steigern, sollten die besten Vorschläge ausgezeichnet und kommuniziert werden.[172] Darüber hinaus sollten Zeit und Ressourcen bereitgestellt werden, um diese Lösungen auch umsetzen oder weiterentwickeln zu können.

<u>Internes Beschwerdemanagement</u>: Eine weitere Möglichkeit, die Mitarbeiter in die Green HRM-Kommunikation einzubinden und die Motivation und Zufriedenheit zu verbessern, stellt das Beschwerdemanagement dar. Anforderungen sind: die Neutralität der Beschwerdeinstanz (um Ängsten zu begegnen und die Hemmschwelle zu senken), Zentralität der Beschwerdeinstanz (um zentrale Problembereiche identifizieren zu können, sollte zumindest die Auswertung gesammelt erfolgen), alternative Beschwerdewege (dem jeweiligen Beschwerdeanlass angepasst) und angemessene Reaktion (hier gilt das gleiche wie bei dem betrieblichen Vorschlagswesen).

Interaktive Green HRM-Kommunikation innerhalb des Sozialen Intranets

<u>(Soziales) Intranet</u>: Als Intranet wird die Nutzung von Internet-Technologien über ein unternehmensinternes Netzwerk verstanden.[173] Innerhalb der internen Kommunikation stellt es mittlerweile das Leitmedium dar.[174] Sämtliche unternehmensrelevante Informationen stehen über dieses Medium an jedem Ort, zu jeder Zeit und in der gleichen Version zur Verfügung. Inhalte wie Datenbanken, Archive, Arbeitspläne, Formulare, Produktinformationen usw. können individuell bereitgestellt und auf die Bedürfnisse oder Berechtigungen einzelner Gruppen oder Personen angepasst werden. Schnelligkeit, Interaktivität und Dialogfähigkeit tragen dazu bei, den Informations- und Meinungsaustausch im Unternehmen zu verbessern.[175] Zukünftige Trends im Intranet werden laut Schönefeld durch Weiterentwicklungen im freien Internet vorweggenommen.[176] So stellen die Veränderungen, die das Internet in

---

[172] Vgl. *Bruhn, Manfred,* Unternehmens- und Marketingkommunikation: Handbuch für ein integriertes Kommunikationsmanagement, München (Vahlen) 2. Aufl. 2011, 1221.

[173] Vgl. *Höller, Johann et al.,* Internet und Intranet: Herausforderung E-Business, Berlin et al. (Springer) 3. Aufl. 2003, 34.

[174] Vgl. *Mickeleit, Thomas/Böttger, Nina,* Kein Mitarbeiter lebt auf einer Insel: Wie Volkswagen die Kommunikation wertschöpfend vernetzt, in: *Hoffmann, Claus/Lang, Beatrix* (Hrsg.), Das Intranet: Erfolgreiche Mitarbeiterkommunikation, Konstanz (UVK) 2. Aufl. 2008, 163-169, 168.

[175] Vgl. *Bruhn, Manfred,* Unternehmens- und Marketingkommunikation: Handbuch für ein integriertes Kommunikationsmanagement, München (Vahlen) 2. Aufl. 2011, 1211.

[176] *Schönefeld, Frank,* Social Intranet: Die Rolle des Intranets für den digitalen Arbeitsplatz, in: *Wolf, Frank* (Hrsg.), Social Intranet: Kommunikation fördern, Wissen teilen, Effizient zusammenarbeiten, München (Hanser) 2011, 32.

den letzten Jahren erfahren hat – allen voran der Wandel vom so genannten Web 1.0 zum Web 2.0 oder *Social Web* – die nächste Entwicklungsstufe für das Intranet dar. Als *Soziales Intranet, Intranet 2.0* oder *Colaborative Intranet*[177] finden die Techniken des Web 2.0 zunehmend Anwendung in Unternehmen.[178] Schönefeld definiert Soziales Intranet als:

> „Infrastruktur und Medium eines Unternehmens, welches auf Webstandards beruht und insbesondere soziale Technologien – Wikis, (Micro-)Blogs, soziale Netzwerke, Schlagworte, Social Bookmarks, Feeds, Mashups – zur Unterstützung von Feedbackmechanismen und Zusammenarbeit von Individuen, Gruppen und der Organisation einsetzt sowie die klassischen Mechanismen zum Teilen von Content, Applikationen und der Funktionsintegration nutzt. Damit einher geht die Demokratisierung der Ressourcenerstellung von Verwaltung."[179]

Abbildung 7 stellt die Veränderungen durch Soziales Intranet im Vergleich zum traditionellen dar und macht deutlich, dass jedes Unternehmen die Umsetzung individuell – seiner Kultur und den Bedürfnissen entsprechend – anpassen muss.

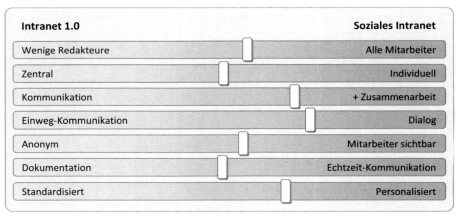

Abbildung 7: Unterschiede zwischen Intranet 1.0 und Sozialem Intranet und daraus entstehende Anpassungsmöglichkeiten (in Anlehnung an: *Wolf, Frank*, Zwischen Planung und Improvisation: Der Weg zum Social Intranet, in: *Wolf, Frank* (Hrsg.), Social Intranet: Kommunikation fördern, Wissen teilen, Effizient zusammenarbeiten, München (Hanser) 2011, 32).

---

[177] *Schönefeld, Frank*, Social Intranet: Die Rolle des Intranets für den digitalen Arbeitsplatz, in: *Wolf, Frank* (Hrsg.), Social Intranet: Kommunikation fördern, Wissen teilen, Effizient zusammenarbeiten, München (Hanser) 2011, 22.

[178] Vgl. *Wolf, Frank* (Hrsg.), Social Intranet: Kommunikation fördern, Wissen teilen, Effizient zusammenarbeiten, München (Hanser) 2011, 208-301.

[179] *Schönefeld, Frank*, Social Intranet: Die Rolle des Intranets für den digitalen Arbeitsplatz, in: *Wolf, Frank* (Hrsg.), Social Intranet: Kommunikation fördern, Wissen teilen, Effizient zusammenarbeiten, München (Hanser) 2011, 23.

Zu den Zielen eines Sozialen Intranets gehört die Unterstützung der Agilität von Unternehmen, also die Fähigkeit, schnell und adaptiv mit Veränderungen ihrer Geschäftsumwelt umzugehen.[180] Dafür sollen Mitarbeiter umfassender informiert, das Wissen stärker geteilt, der Kommunikationsfluss optimiert, Teamworkstrukturen gestützt und das Involvement der Mitarbeiter gefördert werden.[181] Ziele, die sich sehr gut mit den Handlungsanweisungen für die Umsetzung eines Green HRM in Kapitel 4.4 decken. Die Maßnahmen des Sozialen Intranet lassen sich grob in vier elementare Bausteine zusammenfassen, deren Implikationen für Green HRM im Folgenden beschrieben werden:[182]

1. <u>Identitäts- und Netzwerkmanagement</u>: Mitarbeiter können ein Profil anlegen und darüber ein Kontaktnetzwerke mit anderen Mitarbeitern aufbauen. Durch eine persönliche und transparente Gestaltung der Profile kann Distanz zwischen Hierarchien und Abteilungen abgebaut und Kontakte untereinander gefördert werden. Die Zugehörigkeit zu verschiedenen Teams kann veranschaulicht und Auszeichnungen oder Rankings für erzielte Umweltleistungen können sichtbar gemacht werden.

2. <u>Informationsmanagement</u>: Informationen können bereitgestellt, strukturiert, personalisiert und mit anderen Mitarbeitern organisiert werden. Zu den Möglichkeiten, die bereits ein (personalisierbares) Intranet bot, kommen die Möglichkeiten eines aktiv von den Mitarbeitern verwalteten Wissensmanagements.

3. <u>Kommunikationsmanagement</u>: Durch die vielfältigen Möglichkeiten der Massen- und Individualkommunikation in sowohl vertikaler als auch horizontaler Richtung, können Kommunikation- und Entscheidungsprozesse beschleunigt und optimiert werden. Die Unternehmensleitung hat dadurch die Möglichkeit, Stimmungen schnell zu erfassen und darauf zu reagieren.

4. <u>Kooperations- und Kollaborationsmanagement</u>: Teams können ortsunabhängig und synchron zusammenarbeiten. Dadurch ergeben sich neue Möglichkeiten der Zusam-

---

[180] Vgl. *Schönefeld, Frank*, Social Intranet: Die Rolle des Intranets für den digitalen Arbeitsplatz, in: *Wolf, Frank* (Hrsg.), Social Intranet: Kommunikation fördern, Wissen teilen, Effizient zusammenarbeiten, München (Hanser) 2011, 32.

[181] Vgl. *McConnell, Jane*, Trends für Intranet und digitalen Arbeitsplatz, in: *Wolf, Frank* (Hrsg.), Social Intranet: Kommunikation fördern, Wissen teilen, Effizient zusammenarbeiten, München (Hanser) 2011, 49.

[182] Vgl. *Göhring, Martina/Niemeier, Joachim/Vuinovic, Milos*, Enterprise 2.0: Zehn Einblicke in den Stand der Einführung, http://www.centrestage.de/enterprise-2-0studie, abgerufen am: 05.12.2012, 2010, 23.

menarbeit für Umwelt-Teams, implizites Wissen kann besser erschlossen und das Involvement erhöht werden.

Im Folgenden sollen einige Instrumente vorgestellt werden, die Rahmen des Sozialen Internet einsetzbar sind:

Diskussionsforen: Eine Möglichkeit, die über das Intranet realisiert werden kann, sind Diskussionsforen zum Thema Umweltschutz und Green HRM. Hier können Mitarbeiter und Führungskräfte direkt Fragen und Antworten austauschen, die auch später von anderen nachverfolgt oder ergänzt werden können.[183]

Blogs/Micro-Blogging: Blogs bieten Gruppen oder Einzelpersonen die Möglichkeit, subjektive Informationen, Meinungen, Ergebnisse oder Erfahrungen mit anderen zu teilen. Vorteile liegen in dem hohen Maß an Aktualität und Authentizität sowie der Möglichkeit, sich über die Kommentarfunktion oder Gastartikel an Diskussionen zu beteiligen. In Form von Knowledge-Blogs kann außerdem das Wissen einer bestimmten Person oder eines Teams gebündelt und bei Gelegenheit erweitert oder von anderen Gruppen aufgegriffen werden.[184]

Wikis: Wikis sind einfache Content-Management-Systeme, die sich vor allem für ein von Mitarbeitern gepflegtes Wissensmanagement und den fachbereichsübergreifenden Austausch von umweltverbessernden Ideen oder Praktiken eignen. Die Herausforderung bei Wikis liegt darin, viele Personen zur Mitarbeit zu bewegen. Dafür müssen Wikis von der Unternehmensspitze gesteuert und verwaltet werden.[185]

(Voice-/Video-) Chats: Über Chats kann eine sehr direkte, ortsunabhängige Kommunikation – ähnlich einem persönlichen Gespräch – erfolgen. Das kann beispielsweise für eine Teambesprechung oder auch für ein Vorgesetzten-Gespräch genutzt werden. Der Vorteil besteht darin, dass Mitglieder auch über große Entfernungen daran teilnehmen können, ohne dass Zeit und Geld für die Anreise erforderlich wären und die Umwelt belastet wird.

---

[183] Vgl. *Bruhn, Manfred,* Unternehmens- und Marketingkommunikation: Handbuch für ein integriertes Kommunikationsmanagement, München (Vahlen) 2. Aufl. 2011, 1223.

[184] Vgl. *Bruhn, Manfred,* Unternehmens- und Marketingkommunikation: Handbuch für ein integriertes Kommunikationsmanagement, München (Vahlen) 2. Aufl. 2011, 1223.

[185] Vgl. *Bruhn, Manfred,* Unternehmens- und Marketingkommunikation: Handbuch für ein integriertes Kommunikationsmanagement, München (Vahlen) 2. Aufl. 2011, 1223.

Data Mining: Durch die Möglichkeiten der automatisierten Auswertung und Verknüpfung großer Datenmengen mit dem Ziel der Mustererkennung,[186] können Entwicklungen in Echtzeit visualisiert und Ziele überprüfbar gemacht werden. Das gilt für Kommunikations- und Informationsprozesse (x % der Mitarbeiter haben einen Beitrag gelesen), aber auch für umweltspezifische Daten. Beispielsweise durch die konstante Messung und visuelle Aufbereitung von Verbrauchswerten zu Energie, Wasser, Rohstoffen und anderen Ressourcen.

Probleme: Medienkompetenz und der Zugang zum Intranet werden zur Voraussetzung für die Mitarbeiter. Auf diese Weise droht die Gefahr einer Zweiklassengesellschaft innerhalb des Unternehmens: Auf der einen Seite die *Digital Natives* und die Abteilungen, die direkten Zugang zum Intranet am Arbeitsplatz besitzen und auf der anderen Mitarbeiter mit einer weniger ausgeprägten Medienkompetenz bzw. -affinität oder diejenigen, die über keinen Intranet-Zugang verfügen, wie beispielsweise Mitarbeiter in Produktionsbereichen.[187]

Weitere interaktive Medien für die Green HRM-Kommunikation

Management-by-walking-around: Indem Führungskräfte durch die Büros gehen oder in der Kantine zu Mittag essen und dabei das persönliche Gespräch mit den Mitarbeitern suchen, wird die vertikale Kommunikation gestärkt, dadurch Vertrauen geschaffen und die Kooperationsbereitschaft der Mitarbeiter gefördert.[188]

Informations- oder Teamübergreifende Besprechungen ermöglichen den Erfahrungsaustausch von Fachleuten aus verschiedensten Abteilungen oder mit Mitarbeitern aus den unterschiedlichsten Bereichen und Hierarchiestufen und verbessern dadurch den abteilungsübergreifenden Austausch und Beziehungen innerhalb des Unternehmens.[189]

Workshops und Seminare: Wie in Kapitel 4.2.2 dargestellt, ist die Kompetenzförderung für den Erfolg von Umweltmanagement von entscheidender Bedeutung. Zwei Kommunikationsinstrumente zur Förderung der umweltspezifischen Kompetenz und zur Lösung von Umwelt-

---

[186] Vgl. *Madlberger, Maria*, Electronic Retailing: Marketinginstrumente und Marktforschung im Internet, Wiesbaden (Gabler) 2004, 241.

[187] Vgl. *Bruhn, Manfred*, Unternehmens- und Marketingkommunikation: Handbuch für ein integriertes Kommunikationsmanagement, München (Vahlen) 2. Aufl. 2011, 1211.

[188] Vgl. *Einwiller, Sabine/Klöfer, Franz/Nies, Ulrich*, Mitarbeiterkommunikation, in: *Meckel, Miriam/Schmidt, Beat* (Hrsg.), Unternehmenskommunikation: Kommunikationsmanagement aus Sicht der Unternehmensführung, Wiesbaden (Gabler) 2. Aufl. 2008, 221-260, 247.

[189] Vgl. *Mast, Claudia*, Unternehmenskommunikation, Stuttgart (UTB) 2. Aufl. 2006, 194.

problemen im Unternehmen sind Workshops und Seminare. Sie dienen der Wissensvermittlung und -verteilung, fördern im Optimalfall den Zusammenhalt untereinander und steigern die Motivation. Wichtig ist dabei, dass das kontinuierliche Feedback der Teilnehmer aufgenommen wird und eine Nachbereitung der Workshops und Seminare stattfindet. Dies kann In Form von Optimierungen geschehen aber auch durch Follow-Up-Maßnahmen wie der zeitnahen Versendung von Erinnerungsschreiben oder Unterlagen.[190] Für die Durchführung bieten sich innovative Schulungs- und Ausbildungstechniken wie Learning-by-doing in praktischen Projekten, Zukunftswerkstatt, die Szenariotechnik[191] oder erlebnispädagogische Maßnahmen an. In letzteren kann die Wertschätzung für die Umwelt und den Umweltschutz gefördert und ein Bewusstsein für Umweltauswirkungen der Unternehmenstätigkeiten geweckt werden.

Nonverbale Signale: Auch nonverbale Signale wie der Baustil, die Inneneinrichtung oder der Fuhrpark eines Unternehmens sind ein Ausdruck der Unternehmenskultur. Sie sollten so gestaltet werden, dass sie eine vertrauensvolle, offene und kommunikative Atmosphäre schaffen und ein Bewusstsein für Nachhaltigkeit und Umweltverantwortung kommunizieren.

Aber auch in der zwischenmenschlichen Kommunikation gibt es nonverbale Signale, die von den Absendern der Green HRM-Kommunikation bewusst eingesetzt werden sollten. Denn mehr als die Worte bestimmen Körpersprache, Mimik, Gestik und Stimmlage, wie Botschaften vom Rezipienten wahrgenommen werden.[192]

Mitarbeitergespräch: Mitarbeitergespräche können entweder exakt terminierte Jahreszielgespräche oder informelle, alltägliche und zufällige Gespräche auf vertikaler oder horizontaler Ebene sein. Sie ermöglichen eine direkte Reaktion, Rückfragen und die Beseitigung von Unklarheiten. Dadurch können die Gesprächspartner auf die Interessen und Bedürfnisse des

---

[190] Vgl. *Bruhn, Manfred*, Unternehmens- und Marketingkommunikation: Handbuch für ein integriertes Kommunikationsmanagement, München (Vahlen) 2. Aufl. 2011, 1224.

[191] Vgl. *Tippelt, Rudolf/Hippel, Aiga (Hrsg.)*, Handbuch Erwachsenenbildung/Weiterbildung, Wiesbaden (VS/Springer) 5. Aufl. 2011, 707-728.

[192] Vgl. *Mehrabian, Albert*, Silent Messages: Implicit Communication of Emotions and Attitudes, Belmont (Wadsworth) 2. Aufl. 1980.

Gegenübers eingehen und Störungen in der Kommunikation sofort erkennen. Informelle Gespräche können Beziehungen aufbauen oder festigen und die Motivation steigern.[193]

Events: Events dienen der Inszenierung von Kommunikation in einem besonderen Rahmen. Sie vermitteln Emotionalität, haben Erlebnischarakter und eine ungezwungene Atmosphäre. Events können auf unterschiedlichen Ebenen durchgeführt werden: im kleinen Team oder mit der gesamten Belegschaft sowie innerhalb einer Hierarchie oder hierarchieübergreifend. Umwelt-Events könnten beispielsweise ein groß angelegter Startschuss für Green HRM oder ein jährlicher/monatlicher Umweltaktionstag darstellen.

5.7 Integration in den Kommunikationsmix

Wie in Kapitel 4.3 bereits erläutert, sind die Maßnahmen der Green HRM-Kommunikation eng mit der restlichen Unternehmenskommunikation zu verzahnen, um Kommunikationsdefizite zu vermeiden, die Kommunikationswirkung zu verstärken und Synergieeffekte zu erzielen.

5.7.1 Interinstrumentelle Integration

Die Entwicklung von Green HRM geschieht eingebettet in längerfristige Rahmenbedingungen, die bei der Situationsanalyse berücksichtigt werden müssen. Dazu gehören umweltpolitische Grundsätze, Umweltziele, die Unternehmenskultur, das Führungskonzept und -verständnis, das Corporate Design sowie gesellschaftliche Werte und Normen.[194]

Über diese Rahmenbedingungen hinaus, spielt die operative Abstimmung – insbesondere mit den nach außen gerichteten Kommunikationsinstrumenten – eine wichtige Rolle. Zum einen, um Botschaften – beispielsweise im Rahmen einer grünen Marketingkampagne – nicht durch gegensätzliche Handlungen oder Aussagen von Mitarbeitern zu untergraben und zum anderen, um den Mitarbeitern nicht das Gefühl zu geben, nicht in Abläufe des Unternehmens eingebunden zu sein. Dabei sind die in Kapitel 5.4.1 beschriebenen Prinzipien –

---

[193] Vgl. *Mast, Claudia*, Durch bessere interne Kommunikation zu mehr Geschäftserfolg: Ein Leitfaden für Unternehmer, Berlin (DIHK) 2000, 33.

[194] Vgl. *Dotzler, Hans-Jürgen/Schick, Siegfried*, Integration des Mitarbeiterkommunikation: das Beispiel Bayerische Hypotheken- und Wechsel-Bank, in *Bruhn, Manfred/Dahlhoff, Hans-Dieter* (Hrsg.), Effizientes Kommunikationsmanagement: Konzepte, Beispiele und Erfahrungen aus der integrierten Unternehmenskommunikation, Stuttgart (Schäffer-Poeschel) 1993, 127-143, 132.

allen voran der Einbindung, Frühzeitigkeit, Vollständigkeit, Offenheit und Wahrheit – zu beachten.[195]

5.7.2 Intrainstrumentelle Integration

Die Aufgabe der intrainstrumentalen Integration der Green HRM-Kommunikation besteht nach dem Grundsatz ‚das Ganze ist mehr als die Summe seiner Teile' darin, die einzelnen Elemente und Maßnahmen zu einer leistungsfähigeren Einheit zusammenzufügen.[196] Wie in Kapitel 4.3.2 beschrieben, lassen sich inhaltliche, formale und zeitliche Dimensionen unterscheiden: Inhaltliche Integration also thematische Verbindungslinien innerhalb der Kommunikationsmaßnahmen innerhalb der Green HRM-Kommunikation passiert beispielsweise, wenn die Mitarbeiterzeitschrift die Inhalte eines Umwelt-Seminars aufgreift, vertieft und auf ein Forum im Intranet verweist, in dem das Thema weiter diskutiert werden kann. Formale Integration drückt sich beispielsweise durch eine konsequente Verwendung der Corporate Design-Richtlinien für alle Green HRM-Kommunikationsmittel aus, während die zeitliche Dimension die Koordination von einzelnen Maßnahmen innerhalb einer Planungsperiode umfasst. Das kann z.B. die mentale Vorbereitung der Mitarbeiter auf das Thema Umweltschutz sein, die gefolgt wird von der Durchführung eines Kick-off-Events. Darauf aufbauende Schulungsmaßnahmen legen die Grundlage für Umweltproblemlösungsteams, die von einem parallel laufenden CO^2-Wettbewerb flankiert werden.

5.8 Erfolgskontrolle

5.8.1 Bedeutung der Erfolgskontrolle

Im letzten Schritt der Kommunikationsstrategie geht es darum, zu prüfen, welche Wirkung die Green HRM-Kommunikation erzielen konnte und ob sich der finanzielle Aufwand gelohnt hat. Indem der Zielerreichungsgrad der bisherigen Maßnahmen bestimmt wird, lassen sich

---

[195] Vgl. *Bruhn, Manfred*, Unternehmens- und Marketingkommunikation: Handbuch für ein integriertes Kommunikationsmanagement, München (Vahlen) 2. Aufl. 2011, 1232.

[196] Vgl. *Bruhn, Manfred*, Unternehmens- und Marketingkommunikation: Handbuch für ein integriertes Kommunikationsmanagement, München (Vahlen) 2. Aufl. 2011, 1232.

weiterführende Handlungsempfehlungen für die zukünftige Entwicklung der Green HRM-Kommunikation formulieren.[197]

5.8.2 Methoden der Erfolgskontrolle

Prozesskontrolle

„Prozesskontrollen beschäftigen sich mit der Überprüfung der Durchführung der Maßnahmen und des Einsatzes der Medien"[198] innerhalb der Green HRM-Kommunikation. Mittels Checklisten und Netzplänen werden dafür alle notwendigen Aktivitäten und Vorbereitungen zur Durchführung einer Maßnahme, die Einhaltung von Zeitplänen, die Abstimmung mit anderen Abteilungen sowie externen Dienstleistern überwacht und gesteuert. Ziel ist die Vermeidung von Durchführungsfehlern, die zu einer dauerhaft negativen Erinnerung der Mitarbeiter führen können.[199]

Darüber hinaus dient die Prozesskontrolle zur Überprüfung des Kommunikationsprozesses und der Kommunikationsqualität der persönlichen und individuellen Kommunikation zwischen Green HRM-Verantwortlichen und Mitarbeitern. Mittels Methoden der Befragungs- und Beobachtungstechniken,[200] der *sequenziellen Ereignismethode*[201] oder der *Critical Incident-Technik*[202] werden Daten wie der Grad der Mitarbeiterzufriedenheit, die Anzahl der Beschwerden, Loyalität, Wechselbereitschaft, die Häufigkeit des formellen und informellen Kontaktes zwischen Führungskräften und Mitarbeitern, Häufigkeit von positiver Mundpropaganda, Anzahl der Weiterempfehlungen usw. erhoben.

---

[197] Vgl. *Bruhn, Manfred,* Unternehmens- und Marketingkommunikation: Handbuch für ein integriertes Kommunikationsmanagement, München (Vahlen) 2. Aufl. 2011, 1236.

[198] *Bruhn, Manfred,* Unternehmens- und Marketingkommunikation: Handbuch für ein integriertes Kommunikationsmanagement, München (Vahlen) 2. Aufl. 2011, 1236.

[199] Vgl. *Bruhn, Manfred,* Unternehmens- und Marketingkommunikation: Handbuch für ein integriertes Kommunikationsmanagement, München (Vahlen) 2. Aufl. 2011, 1236.

[200] Vgl. *Meyer, Anton / Ertl, Robert,* Marktforschung von Dienstleistungs-Anbietern, in Meyer, Anton (Hrsg.), Handbuch Dienstleistungs-Marketing, Stuttgart (Schäffer-Poeschel), 1998, 203-246, 224ff.

[201] Vgl. *Meyer, Anton / Ertl, Robert,* Marktforschung von Dienstleistungs-Anbietern, in Meyer, Anton (Hrsg.), Handbuch Dienstleistungs-Marketing, Stuttgart (Schäffer-Poeschel), 1998, 203-246, 225-226.

[202] Vgl. *Meyer, Anton / Ertl, Robert,* Marktforschung von Dienstleistungs-Anbietern, in Meyer, Anton (Hrsg.), Handbuch Dienstleistungs-Marketing, Stuttgart (Schäffer-Poeschel), 1998, 203-246, 232-233.

Effektivitätskontrolle

Die Effektivitätskontrolle bezieht sich auf die realisierten Ergebnisse der Aktivitäten der Green HRM-Kommunikation bei den Zielgruppen. Tabelle 6 verdeutlicht die Kategorien der Kommunikationswirkung, die – analog zu den entwickelten Zielen aus Tabelle 3 – abgefragt werden. Die rechte Spalte listet die jeweiligen Methoden, die zur Erhebung verwendet werden können, auf:

	Art der Messmethode: Befragung
Kognitive Wirkung	• Mitarbeiterbefragung • Recall-Test • Recognition-Test
Affektive Wirkung	• Verbale und Nonverbale Erlebnismessung • Einstellungs- und Imageskalen • Multiattribut- und Einstellungsmodelle • Zufriedenheitsmessungen • Rating-Skalen
Konative Wirkung	• Erinnertes Verhalten • Befragung nach Verhaltensabsicht

Tabelle 6: Messmethoden zur Wirkungskontrolle der Mitarbeiterkommunikation (in Anlehnung an: *Bruhn, Manfred*, Unternehmens- und Marketingkommunikation: Handbuch für ein integriertes Kommunikationsmanagement, München (Vahlen) 2. Aufl. 2011, 1238).

Effizienzkontrolle

Im Rahmen der Effizienzkontrolle werden die aufgewendeten Kosten sämtlicher Aktivitäten der Green HRM-Kommunikation dem realisierten Nutzen gegenüber gestellt, um einen Kosten-Nutzen-Vergleich zu erhalten. Dadurch können die Maßnahmen und Mittel im Einzelnen evaluiert werden. Am besten eignet sich dafür eine mehrdimensionale Kosten-Nutzen-Analyse, für die zunächst drei Erfolgsdimensionen unterschieden werden können:[203]

- Die erste Erfolgskategorie umfasst direkt monetär quantifizierbare, also wert- und mengenmäßig erfassbare Erfolge

---

[203] Vgl. Anselstetter Reiner, Betriebswirtschaftliche Nutzeffekte der Datenverarbeitung: Anhaltspunkte für Nutzen-Kosten-Schätzungen, Berlin et al. (Springer) 2. Aufl. 1986.

- Die zweite Erfolgskategorie beinhaltet nur indirekt monetär quantifizierbare, das heißt direkt mengenmäßig und indirekt wertmäßig erfassbare Erfolge
- Die dritte Erfolgskategorie beschreibt monetär nicht-quantifizierbare Erfolge, also primär vorökonomische Erfolgsindikatoren wie z.B. Unternehmensimage bei der Zielgruppe

Auf der Kostenseite lassen sich die im Rahmen der Budgetplanung in Kapitel 5.5 eingeplanten Kosten exakt quantifizieren. Auf der Nutzenseite lassen sich analog zu den Erfolgsdimensionen drei Ebenen differenzieren:[204]

- Die erste Nutzenkategorie beinhaltet den direkt zurechenbaren Nutzen, der sich aus dem Einsatz der Green HRM-Medien ergibt (z.B. Kostenersparnis durch verbesserte Teamarbeitsstrukturen)
- Die zweite Nutzenkategorie umfasst nur indirekt zurechenbaren Nutzen durch verbesserte Prozesse (z.B. schnellere Distribution von relevanten Informationen)
- Die dritte Nutzenkategorie beschreibt den strategischen Nutzen aufgrund unternehmenskultureller Verbesserung (z.B. höhere Identifikation mit dem Thema Umweltschutz)

5.8.3 Probleme der Erfolgskontrolle der Green HRM-Kommunikation

Zwei Probleme erschweren die Erfolgskontrolle der Green HRM-Kommunikation: Wirkungsinterdependenzen und die darauf aufbauende Frage der Wirkungszurechenbarkeit. So kann beispielsweise nur schwer festgestellt werden, ob eine Veränderung in der Motivation eines Mitarbeiters auf eine bestimmte kommunikative Maßnahme zurück zu führen ist oder durch externe Faktoren wie einer wahrgenommenen Verschlechterung der gesamtwirtschaftlichen Situation bedingt ist. Kann mit Hilfe eines Mitarbeitergesprächs zumindest eine grobe Aussage über den Erfolg der eingeleiteten Maßnahmen gemacht werden, wird es bei einer ergebnisorientieren Erhebung des Erfolgs schwieriger, die Interdependenzen heraus zu filtern.[205]

---

[204] Vgl. *Bruhn, Manfred,* Unternehmens- und Marketingkommunikation: Handbuch für ein integriertes Kommunikationsmanagement, München (Vahlen) 2. Aufl. 2011, 1240.

[205] Vgl. *Bruhn, Manfred,* Unternehmens- und Marketingkommunikation: Handbuch für ein integriertes Kommunikationsmanagement, München (Vahlen) 2. Aufl. 2011, 1241.

Ein weiteres Problem ist die Tatsache, dass zwar eine quantitative Kontrolle bestimmter Kennzahlen möglich ist, daraus jedoch nicht unbedingt Aussagen zum qualitativen Erfolg oder über die Ursachen bestimmter Veränderungen abgeleitet werden können.[206]

6 | ERGEBNIS

6.1 Zusammenfassung

Die Implementierung eines Green HRM lohnt sich für Mitarbeiter zum einen aufgrund von Vorteilen durch eine erhöhte Wettbewerbsfähigkeit, bessere Arbeitsbedingungen und einem attraktiveren Unternehmensimage; Zum anderen geht es bei der Frage, ob Unternehmen und Mitarbeiter ihre Verantwortung gegenüber der Umwelt wahrnehmen müssen, nicht um das *ob*, sondern um das *wann*. Endliche Ressourcen und die Gefahr von irreversiblen Schäden, aber auch gesetzliche Bestimmungen und gesellschaftlicher Druck zwingen Unternehmen zum Handeln. In einem ersten Schritt einer Green HRM-Kommunikation geht es darauf aufbauend darum, die Mitarbeiter von der Vorteilhaftigkeit und der Notwendigkeit von Green HRM zu überzeugen.

Die erfolgreiche Umsetzung eines Green HRM-Konzeptes hängt auf der einen Seite davon ab, ob Mitarbeitermotivation gefördert, Mitarbeiter in den Prozess involviert sowie benötigte Kompetenzen aufgebaut werden können und auf der anderen Seite davon, ob Green HRM und die damit zusammenhängende Kommunikation mit den übrigen Funktionsbereichen und Kommunikationsinstrumenten verzahnt werden können. Für die Realisierung dieser Anforderungen muss eine leistungsfähige Kommunikationsinfrastruktur implementiert werden. Der Entwicklungsprozess einer entsprechenden Infrastruktur umfasst die Situationsanalyse, Zielsetzung, Zielgruppenanalyse, Festlegung der Strategie, Budgetierung, Maßnahmenplanung, Integration in den Kommunikationsmix sowie Erfolgskontrolle.

Aufgrund der umfangreichen Kommunikations- Interaktions- und Kolaborationsmöglichkeiten eignet sich das Medium der Sozialen Intranet in besonderem Maße für die Umsetzung einer Green HRM-Kommunikation.

---

[206] Vgl. *Bruhn, Manfred,* Unternehmens- und Marketingkommunikation: Handbuch für ein integriertes Kommunikationsmanagement, München (Vahlen) 2. Aufl. 2011, 1242.

6.2 Limitationen

Der Schwerpunkt des vorliegenden Kommunikationskonzeptes liegt nicht in der Erstellung und Umsetzung eines Umweltmanagements, sondern in der Kommunikation eines solchen. Das bedeutet, dass nur ein kleiner Bruchteil an möglichen umweltverbessernden Maßnahmen, die innerhalb eines Unternehmens zur Anwendung kommen können, dargestellt werden kann.

Da die Erarbeitung eines Umweltmanagement die Voraussetzung für ein erfolgreiches umweltorientiertes Personalmanagement ist, sollte dieser Schritt abgeschlossen sein, bevor mit den Planungen für eine Green HRM-Kommunikation begonnen wird.

Grundsätzlich ist davon auszugehen, dass der hier vorgesellte Strategieentwicklungs-Prozess besonders für mittlere und große Unternehmen gilt, da hier die Notwendigkeit für eine integrierte Kommunikation aufgrund eines gesteigerten Komplexität-Grades höher ist (vgl. Kapitel 2.2.2). Selbstverständlich können die Ergebnisse, die innerhalb der Strategieentwicklung für ein fiktives Unternehmen erarbeitet wurden, nicht eins zu eins für ein echtes Unternehmen übernommen werden. Jedes Unternehmen hat seine eigenen Besonderheiten und eine einmalige Kombination an Chancen, Risiken, Stärken und Schwächen. Darauf muss ein Strategieentwicklungs-Prozess jeweils individuell eingehen. Was dieses Kommunikationskonzept aus diesem Grund ebenfalls nicht liefern kann, ist der detaillierte Ablauf einer Green HRM-Kommunikation. Diese Entwicklung dieses Ablaufplans ist schließlich im Rahmen des Strategieentwicklungsprozesses auf Grundlage der Besonderheiten eines Unternehmens zu leisten.

6.3 Implikationen für die Praxis

Auch wenn Green HRM-Kommunikation ein wichtiges Thema ist, ist bei der Erarbeitung einer Kommunikations-Strategie eine derartige Konzentration darauf in der Praxis wohl kaum durchführbar. Das wird hier auch nicht gefordert – vielmehr sollte es darum gehen, eine Möglichkeit aufzuzeigen, wie die Prinzipien des Umweltmanagements im Rahmen des Personalmanagements in die interne Kommunikation eingebunden werden können. Das heißt, dass Unternehmen, die bei der Erarbeitung einer integrierten Kommunikationsstrategie für die interne Kommunikation nach dem Muster von Bruhn oder einem vergleichbaren Schema vorgehen, anhand dieses Kommunikationskonzeptes Hilfestellungen finden, um in diesem Prozess die Ziele eines Umweltmanagements auf der Ebene des Personalmanagements umzusetzen.

6.4 Implikationen für die Forschung

Forschungsbedarf besteht zum einen im Bereich der Green HRM-Kommunikation und zum anderen im Bereich des Green HRM selber. Innerhalb der Green HRM-Kommunikation trifft dies vor allem auf das noch sehr junge Medium des Sozialen Intranet zu. Mögliche Forschungsfragen könnten sich mit der Akzeptanz des Sozialen Intranets und den Anforderungen an die Ausgestaltung befassen. Auch die langfristigen Auswirkungen auf interne Kommunikations- und Informationsprozesse sowie die Unternehmenskultur sollten näher untersucht werden.

Innerhalb des Green HRM besteht hauptsächlich Forschungsbedarf im Bereich der systematischen Erfolgskontrolle. Bestehende Studien zu einzelnen Green HRM-Aktivitäten behandeln einzelne Maßnahmen-Bündel, die miteinander zusammenhängen und sich gegenseitig synergetisch verstärken. Das heißt, dass die Auswirkungen der einzelnen Elemente verbessert werden, wenn sie zusammen mit anderen umgesetzt werden. Bisher sind jedoch keine Studien bekannt, die die Auswirkungen eines gesamten Green HRM-Systems auf ökologische Ergebnisse, wie die Abfallreduzierung, oder auf größer angelegte, unternehmensweite Performanz-Werte untersuchen.

6.5 Ausblick

Anhand der Themen Umweltschutz und Nachhaltigkeit wurde in diesem Werk aufgezeigt, wie ein abstrakter Gegenstand mittels einer Kommunikationsstrategie und aufbauend auf aktuellen Forschungsergebnissen, in den Unternehmensalltag implementiert werden kann. Im Grunde genommen sind die Erkenntnisse, die daraus gewonnen werden können, nicht auf Green HRM beschränkt, sondern können in ähnlicher Form auch auf andere Themen des Personalmanagements und Unternehmensmanagements angewandt werden. Wichtig ist das Zusammenspiel aus empirischer Forschung innerhalb des Themenfeldes und einer darauf aufbauenden strategischen, integrierten Kommunikation.

LITERATURVERZEICHNIS

Aiman-Smith, Lynda/Bauer, Talya N./Cable, Daniel M., Are you attracted? Do you intend to pursue. A recruiting policy capturing study, in: Journal of Business and Psychology, 16 (2001), 219-237.

Ambec, Stefan/Lanoie, Paul, Does It Pay to Be Green? A Systematic Overview, in: Academy of Management Perspectives 43 (2008), 45-62, 57-58.

Anselstetter Reiner, Betriebswirtschaftliche Nutzeffekte der Datenverarbeitung: Anhaltspunkte für Nutzen-Kosten-Schätzungen, Berlin et al. (Springer) 2. Aufl. 1986.

Appelbaum, Eileen / Bailey, Thomas / Berg, Peter / Kalleberg, Arne L., Manufacturing Advantage: Why High-Performance Work Systems Pay off, Ithaca, NY (Cornell University Press) 2000.

Backerra, Hendrik/Malorny, Christian/Schwarz, Wolfgang, Kreativitätstechniken, München u.a. (Hanser) 3. Aufl. 2007.

Backhaus, Kristin B./Stone, Brett A./Heiner, Karl, Exploring relationships between corporate social performance and employer attractiveness, in: Journal of Business and Psychology 16/2 (2002), 219-237.

Bansal, Pratima, Evolving sustainably: A longitudinal study of corporate sustainable development, in: Strategic Management Journal, 26 (2005), 197-218.

Bansal Pratima/Roth, Kendall, Why companies go green: A model of ecological responsiveness, in: Academy of Management Journal 43 (2000), 717-736.

Beard, Colin,/Hartmann, Rainer, Naturally enterprising Eco design, creative thinking and the greening of business products, in: European Business Review, 97/5 (1997), 237-243.

Bentele, Günter / Nothhaft, Howard, Unternehmenskommunikation, in: *Bentele, Günter / Brosius, Hans-Bernd/Jarren, Otfried.* (Hrsg.): Lexikon Kommunikations- und Medienwissenschaft, Wiesbaden (Springer) 2. Aufl. 2013, 348.

Berrone, Pascual/Gomez-Mejia, Luis R., Environmental Performance and Executive Compensation: An Integrated Agency-Institutional Perspective, in: Academy of Management Journal, 52 (2009), 103-126.

Berthel, Jürgen / Becker, Fred G., Personal-Management: Grundzüge für Konzeptionen betrieblicher Personalarbeit, Stuttgart (Schäffer-Poeschel) 9. Aufl. 2010.

Berther, Sonja, Personalmanagement in Kreditgenossenschaften: Möglichkeiten zur Sicherung erforderlicher Mitarbeiterqualifikationen – eine theoretische und empirische Analyse 2004, 7

Beyond Grey Pinstripes, Global 100 List, Aspen (Beyond Grey Pinstripes) 2010.

Bird, Alison, Training for Environmental Improvement, in: *Wehrmeyer, Walter* (Hrsg.), Greening people: human resources and environmental management, Sheffield (Greenleaf Publishing) 1996, 227-246.

Birkigt, Klaus (Hrsg.), Corporate Identity: Grundlagen, Funktionen, Fallbeispiele, München (Redline Wirtschaft bei Verl. Moderne Industrie) 2002.

Blättel-Mink, Birgit, Wirtschaft und Umweltschutz: Grenzen der Integration von Ökonomie und Ökologie, Frankfurt/Main (Campus) 2001

Borrego, Carlos, Organisation der integrierten Kommunikation: Entwicklung eines prozessorientierten Organisationsansatzes, Wiesbaden (Springer) 2006.

Bowen, Howard R., Social Responsibilities of the Businessman, New York (Harper & Brothers) 1953.

Braun, Boris, Unternehmen zwischen ökologischen und ökonomischen Zielen, Münster (LIT) 2003.

Brenneisen, Malte / Medienfabrik Gütersloh GmbH, Interne Kommunikation im digitalen Zeitalter: CP 2.0 Band 2, Bielefeld (FHM) 2009.

Brio, Jesús A. del / Fernandez, Esteban / Junquera, Beatriz, Management and employee involvement in achieving an environmental action-based competitive advantage: an empirical study, in: The International Journal of Human Resource Management, 18/4 (2007), 491-522.

Bruhn, Manfred, Kommunikationspolitik, München (Vahlen) 4. Aufl. 2007.

Bruhn, Manfred, Relationship Marketing: Das Management von Kundenbeziehungen, München (Vahlen) 2009.

Bruhn, Manfred, Unternehmens- und Marketingkommunikation: Handbuch für ein integriertes Kommunikationsmanagement, München (Vahlen) 2. Aufl. 2011.

Bundesamt für Raumentwicklung ARE (Schweiz), 1987: Brundtland-Bericht, http://www.are.admin.ch/themen/nachhaltig/00266/00540/00542/index.html?lang=de, abgerufen am: 16.12.12.

Cauers, Christian, Mitarbeiterzeitschrift heute: Flaschenpost oder strategisches Medium?, Wiesbaden (VS) 2005.

Crotty, Jo/Rodgers, Peter, Sustainable development in the Russia Federation: the limits of greening within industrial firms, in: Corporate Social Responsibility and Environmental Management 19/3 (2012), 178-190.

Dechant, Kathleen/Altman Barbara, Environmental Leadership: From Compliance to Competitive Advantage, in: Academy of Management Executive 8/3 (1994), 7-27.

Denton, D. Keith, Employee involvement, pollution control and pieces to the puzzle, in: Environmental Management and Health 10/2 (1999) 105-111.

Deutsche Employer Branding Akademie (DEBA), Definition und Präambel, 2008, http://www.employerbranding.org/downloads/publikationen/DEBA_EB_Definition_Praeambel.pdf, abgerufen am: 20.12.2012, 1.

DIN e.V., DIN EN ISO 14001 Umweltmanagementsysteme - Anforderung mit Anleitung zur Anwendung (ISO 14001:2004), Deutsche und Englische Fassung EN ISO 14001:2004, Berlin (Beuth) 2005.

Dotzler, Hans-Jürgen / Schick, Siegfried, Integration des Mitarbeiterkommunikation: das Beispiel Bayerische Hypotheken- und Wechsel-Bank, in *Bruhn, Manfred/Dahlhoff, Hans-Dieter* (Hrsg.), Effizientes Kommunikationsmanagement: Konzepte, Beispiele und Erfahrungen aus der integrierten Unternehmenskommunikation, Stuttgart (Schäffer-Poeschel) 1993, 127-143.

Einwiller, Sabine/Klöfer, Franz/Nies, Ulrich, Mitarbeiterkommunikation, in: *Meckel, Miriam/Schmidt, Beat* (Hrsg.), Unternehmenskommunikation: Kommunikationsmanagement aus Sicht der Unternehmensführung, Wiesbaden (Gabler) 2. Aufl. 2008, 221-260.

Erler, Ulrich, Mitarbeiterzeitschriften: Klassiker interner Kommunikation, **Fehler! Hyperlink-Referenz ungültig.**, abgerufen am 25.01.2013, 2008.

Esch, Franz-Rudolf, Strategie und Technik der Markenführung, München (Vahlen) 7. Aufl. 2012.

Europäische Kommission, Eine neue EU-Strategie (2011-14) für die soziale Verantwortung der Unternehmen (CSR), http://eur-lex.europa.eu/LexUriServ/LexUriServ.do?uri= COM:2011:0681:FIN:DE:PDF, abgerufen am 06.12.2012, Brüssel (2011).

Fernandez, Esteban / Junquera, Beatriz / Ordiz, Mónica, Organizational culture and human resources in the environmental issue, in: The International Journal of Human Resource Management 14 (2003), 634-656.

Göhring, Martina / Niemeier, Joachim / Vuinovic, Milos, Enterprise 2.0: Zehn Einblicke in den Stand der Einführung, http://www.centrestage.de/enterprise-2-0studie, abgerufen am: 05.12.2012, 2010.

Höller, Johann et al., Internet und Intranet: Herausforderung E-Business, Berlin et al. (Springer) 3. Aufl. 2003.

Holtbrügge, Dirk, Personalmanagement, Berlin et al. (Springer) 5. Aufl. 2013.

Hubbard, Monika, Markenführung von innen nach außen: Zur Rolle der Internen Kommunikation als Werttreiber für Marken, Wiesbaden (VS) 2004.

Ichniowski, Casey et al., What Works at Work: Overview and Assessment, in: Industrial Relations 35/3 (1996), 325-332.

JAIF/NHK, Earthquake Report No. 61: 18:00, April 23, www.jaif.or.jp/english/news_images/ pdf/ENGNEWS01_1303865033P.pdf, 23.04.2011, abgerufen am 03.12.2012.

Kitazawa, Shinichi / Sarkis, Joseph, The relationship between ISO 14001 and continuous source reduction programs, in: International Journal of Operations and Production Management, 20 (2000), 225-248.

Klassen, Robert D. / McLaughlin, Curtis P., TQM and Environmental Excellence in Manufacturing, in: Industrial Management and Data Systems 93 (1993), 14-22.

Kleinjohann, Michael, Corporate Publishing: Mitarbeiterzeitschrift, in: *Lies, Jan* (Hrsg.), Public Relations: Ein Handbuch, Konstanz (UVK) 2008, 73-78.

Kutschker, Michael/Schmid, Stefan, Internationales Management, München (Oldenbourg) 6. Aufl. 2008.

Lampe, Mark/Ellis, Seth R./Drummond, Cherie K., What companies are doing to meet environmental protection responsibilities: Balancing legal, ethical, and profit concerns, in: Proceedings of the International Association for Business and Society (1991), 527-537.

Lehmeier, Markus, Corporate Identity: So gewinnt ihr Unternehmen an Profil, Würzburg (Lexika/Krick) 2002.

Madlberger, Maria, Electronic Retailing: Marketinginstrumente und Marktforschung im Internet, Wiesbaden (Gabler) 2004

Madsen, Henning/Ulhoi, John P., Greening of human resources: environmental awareness and training interests within the workforce, in: Industrial Management and Data Systems 101 (2001), 57-63.

Marcus, Alfred A./Fremeth, Adam R., Green management matters regardless, in: Academy of Management Perspectives 23 (2009), 17-26, 17-26.

Marrewijk, Van, Marcel, Concepts and Definitions of CSR and Corporate Sustainability: Between Agency and Communion, in: Journal of Business Ethics, 44 (2003), 95-105.

Mast, Claudia, Unternehmenskommunikation, Stuttgart (UTB) 2. Aufl. 2006.

Mast, Claudia, Durch bessere interne Kommunikation zu mehr Geschäftserfolg: Ein Leitfaden für Unternehmer, Berlin (DIHK) 2000.

Michaelis, Peter, Betriebliches Umweltmanagement: Grundlagen des Umweltmanagements, Herne et al. (Neue Wirtschafts-Briefe) 1999.

McConnell, Jane, Trends für Intranet und digitalen Arbeitsplatz, in: *Wolf, Frank* (Hrsg.), Social Intranet: Kommunikation fördern, Wissen teilen, Effizient zusammenarbeiten, München (Hanser) 2011.

Mehrabian, Albert, Silent Messages: Implicit Communication of Emotions and Attitudes, Belmont (Wadsworth) 2. Aufl. 1980.

Meyer, Anton / Ertl, Robert, Marktforschung von Dienstleitungs-Anbietern, in *Meyer, Anton* (Hrsg.), Handbuch Dienstleistungs-Marketing, Stuttgart (Schäffer-Poeschel), 1998, 203-246.

Mickeleit, Thomas / Böttger, Nina, Kein Mitarbeiter lebt auf einer Insel: Wie Volkswagen die Kommunikation wertschöpfend vernetzt, in: *Hoffmann, Claus / Lang, Beatrix* (Hrsg.), Das Intranet: Erfolgreiche Mitarbeiterkommunikation, Konstanz (UVK) 2. Aufl. 2008, 163-169.

Milliman, John / Clair, Judith, Best environmental HRM practices in the U.S., in: *Wehrmeyer, Walter* (Hrsg.), Greening People: Human Resources and Environmental Management. Sheffield (Greenleaf Publishing) 1996, 49-73.

Muster, Viola / Schrader, Ulf, Green Work-Life Balance A New Perspective for Green HRM, in: Zeitschrift für Personalforschung, 25/2 (2011), 140-156.

Noll, Nathalie, Gestaltungsperspektiven Interner Kommunikation, Wiesbaden (Gabler) 1996.

Porter, Michael E., / van der Linde, Claas, Toward a new conception of the environment competitiveness relationship, in: Journal of Economic Perspectives 9 (1995), 97-118.

Portugal, Ed / Yukl, Gary, Perspectives on Environmental Leadership, in: Leadership Quarterly 5 (1994), 271-276.

Ramus, Catherine A., Encouraging innovative environmental actions: what companies and managers must do, in: Journal of World Business 37 (2002), 151-164.

Ramus, Catherine A., Organizational support for employees: encouraging creative ideas for environmental sustainability, in: California Management Review 43 (2001), 85-105.

Ramus, Catherine A. / Steger, Ulrich, The roles of supervisory support behaviours and environmental policy in employee 'eco-initiatives' at leading-edge European companies, in: Academy of Management Journal 41 (2000), 605-626.

Rees, Stephen, Action through ownership: learning the way at Kent County Council, in: *Wehrmeyer, Walter* (Hrsg.), Greening People: Human Resources and Environmental Management. Sheffield: Greenleaf Publishing, pp. 357–375.

Renwick, Douglas W.S. / Redman, Tom / Maguire, Stuart, Green Human Resource Management: A Review and Research Agenda, in: International Journal of Management Reviews 15/1 (2013), 1-14.

Rundstedt und Partner GmbH, Mitarbeiter erwarten eine klare Kommunikation in der Krise, http://www.rundstedt.de/clients/rundstedt/rundstedtcms_new.nsf/id/DE_Mitarbeiter_erwarten_Kommunikation, abgerufen am 23.12.2012., 2009.

Russo, Michael V./Harrison, Niran S., Organizational design and environmental performance: clues from the electronics industry, in: Academy of Management Journal 48 (2005), 583-593.

Schein, Edgar, Unternehmenskultur für Führungskräfte, Frankfurt (Campus) 1995.

Scholz, Christian, Personalmanagement, München (Vahlen) 5. Aufl. 2000.

Schönefeld, Frank, Social Intranet: Die Rolle des Intranets für den digitalen Arbeitsplatz, in: *Wolf, Frank* (Hrsg.), Social Intranet: Kommunikation fördern, Wissen teilen, Effizient zusammenarbeiten, München (Hanser) 2011, 23.

Spence, Michael A., Job Marketing Signaling, in: Quarterly Journal of Economics 87/3 (1973), 355-374.

Steffens, Thomas (Hrsg.), Umweltmanagement, Berlin (Springer) 2. Aufl. 2012.

Stone, Lesley J., When case studies are not enough: the influence of corporate culture and employee attitudes on the success of cleaner production initiatives, in: Journal of Cleaner Production 8 (2000), 353-359.

Strebel, Paul, Why Do Employees Resist Change?, in: Harvard Business Review 74/3 (1996), 86-92.

Taylor, Geoff / Welford, Richard, An Integrated Systems Approach to Environmental Management: A Case Study of IBM UK, in: Business Strategy and the Environment, 2/3 (1993), 1-11.

Teece, David J., Explicating dynamic capabilities: The nature and microfoundations of (sustainable) enterprise performance, in: Strategic Management Journal, 28/13 (2007), 1319-1350.

TUSDAC, Greening the workplace, http://www.tuc.org.uk/economy/tuc-9996-f0.pdf, 2005, abgerufen am 06.10.2012.

Tippelt, Rudolf/Hippel, Aiga (Hrsg.), Handbuch Erwachsenenbildung/Weiterbildung, Wiesbaden (VS/Springer) 5. Aufl. 2011.

Trost, Armin, Employer Branding - Entwickeln einer Arbeitgebermarke, in: Personal-Profi 03 (2008), 136-140, 136.

Walley, Noah, & Whitehead, Bradley, It's not easy being green, in: Harvard Business Review 72/3 (1994), 46-52.

Wehrmeyer, Walter (Hrsg.), Greening people: human resources and environmental management, Sheffield (Greenleaf Publishing) 1996.

WBCSD, Corporate Social Responsibility: Making Good Business Sense, Genf 2000.

WCED, Our Common Future, Oxford (Oxford University Press) 1987, http://www.un-documents.net/our-common-future.pdf, abgerufen am: 16.12.12.

Wild, Jürgen, Betriebswirtschaftliche Führungslehre und Führungsmodelle, in: *Wild, Jürgen* (Hrsg.), Unternehmungsführung. Festschrift für Erich Kosiol zu seinem 75. Geburtstag, Berlin (Duncker & Humblot) 1974, 141-179.

Wolf, Frank, Social Intranet: Kommunikation fördern, Wissen teilen, effizient zusammenarbeiten, München u.a. (Hanser) 2011.

Wolf, Frank, Zwischen Planung und Improvisation: Der Weg zum Social Intranet, in: *Wolf, Frank* (Hrsg.), Social Intranet: Kommunikation fördern, Wissen teilen, Effizient zusammenarbeiten, München (Hanser) 2011.

Wunderer, Rolf/Mittmann, Josef, Identifikationspolitik: Einbindung des Mitarbeiters in den unternehmerischen Wertschöpfungsprozess, Stuttgart (Schäffer-Poeschel) 1995.

Zoogah, David B., The Dynamics of Green HRM Behaviors: A Cognitive Social Information Processing Approach, in: Zeitschrift für Personalforschung 25/2 (2011), 117-139.